血《ち》のように赤《あか》く
骨《ほね》のように白《しろ》く
孤《こ》独《どく》のように赤《あか》く
沈《ちん》黙《もく》のように白《しろ》く
獣《けもの》の神《しん》経《けい》のように赤《あか》く
神《かみ》の心《しん》臓《ぞう》のように白《しろ》く
溶《と》け出《だ》す憎《ぞう》悪《お》のように赤《あか》く
凍《い》てつく傷《しょう》歎《たん》のように白《しろ》く
夜《よる》を食《は》む影《かげ》のように赤《あか》く
月《つき》を射《い》抜《ぬ》く吐《と》息《いき》のように
白《しろ》く輝《かがや》き
赤《あか》く散《ち》る

BLEACH 17

ROSA RUBICUNDIOR, LILIO CANDIDIOR

KUBOTITE

JUMP COMICS

STARS AND

朽木白哉

クチキビャクヤ

クチキルキア

朽木ルキア

アバライレンジ

阿散井恋次

黒崎一護《くろさきいちご》は、死神《しにがみ》・朽木《くちき》ルキアと出《で》会《あ》い、その仕事《しごと》を手伝《てつだ》うことになった。だが、ある日《ひ》ルキアは尸魂界《ソウル・ソサエティ》の追《お》っ手《て》に、殛囚《きょくしゅう》として連行《れんこう》されてしまう。

ルキア奪還《だっかん》を誓《ちか》い、死神《しにがみ》の街《まち》・瀞霊廷《せいれいてい》に潜入《せんにゅう》した一護《いちご》は、懺罪宮《せんざいきゅう》で宿敵《しゅくてき》・朽木白哉《くちきびゃくや》と対峙《たいじ》するが、戦《たたか》いは延期《えんき》され、壮絶《そうぜつ》な卍解《ばんかい》の修行《しゅぎょう》へと突入《とつにゅう》!! その頃《ころ》、瀞霊廷《せいれいてい》に潜《もぐ》り込《こ》んだ織姫達《おりひめたち》は、統率《とうそつ》を欠《か》いた護廷《ごてい》十三隊《たい》の中《なか》で、剣八《けんぱち》らを味方《みかた》に付《つ》け対抗《たいこう》。一方《いっぽう》、一護側《いちごがわ》に転《てん》じた恋次《れんじ》は、未《いま》だ卍解《ばんかい》に至《いた》らない一護《いちご》に代《か》わり、単独《たんどく》でルキア救出《きゅうしゅつ》に向《む》かうが…⁉

BLEACH ALL

東仙要《トウセンカナメ》

市丸ギン《イチマルギン》

更木剣八《ザラキケンパチ》

STORIES

BLEACH17

ROSA RUBICUNDIOR, LILIO CANDIDIOR

CONTENTS

俺《おれ》は　悚《おそ》れていたんだ

追《お》いかけるふりをしながら　牙《きば》を研《と》ぐふりをしながら

本《ほん》当《とう》は　あんたの影《かげ》を踏《ふ》むことさえ

ただ　悚《おそ》れていた　だけなんだ

BLEACH
ブリーチ

140. Bite at the Moon

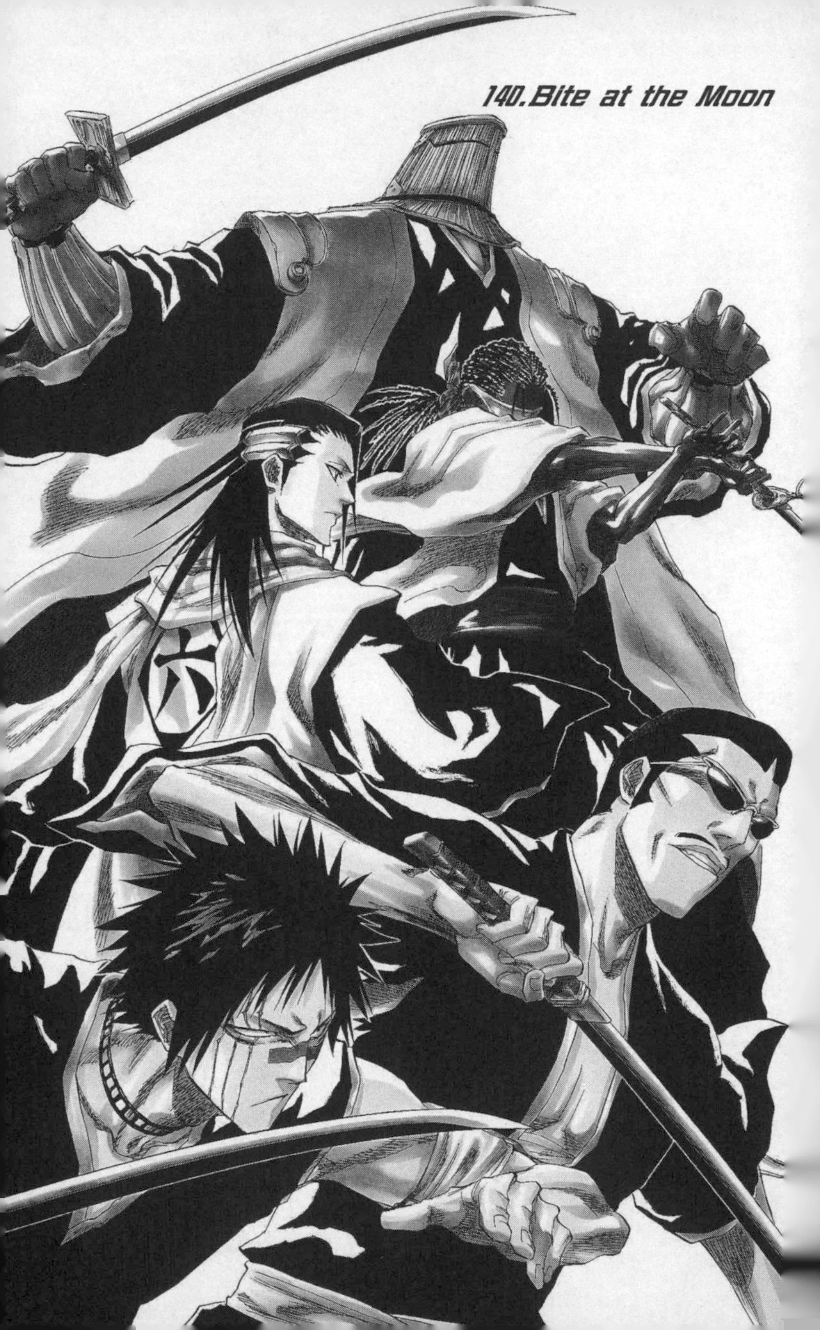

BLEACH ブリーチ

うアッ!!
お…
お止《や》め…お止《や》めください副隊長殿《ふくたいちょうどの》…！
剣《けん》を お退《ひ》きくださ…

がッ!!
うう…
ぐあ…
…れ…恋次《れんじ》さん…
どうしてこんな…

もう少《すこ》し――
もう少《すこ》しだ――…
もう少《すこ》しでテメーを…
助《たす》け出《だ》してやれる…!
絶対《ぜったい》にテメーを…
…ルキア…!
死刑《しけい》にはさせねえ!!!

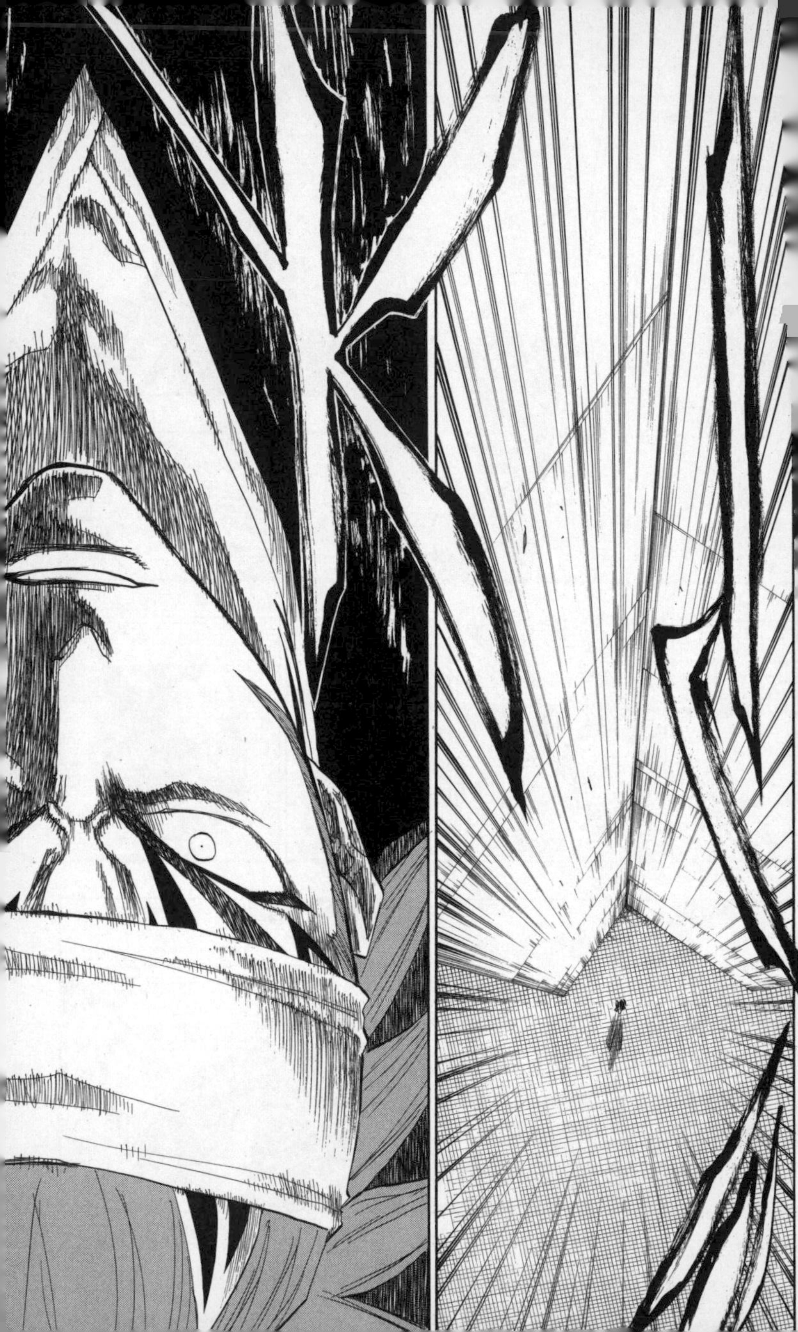

この
霊圧《れいあつ》は――

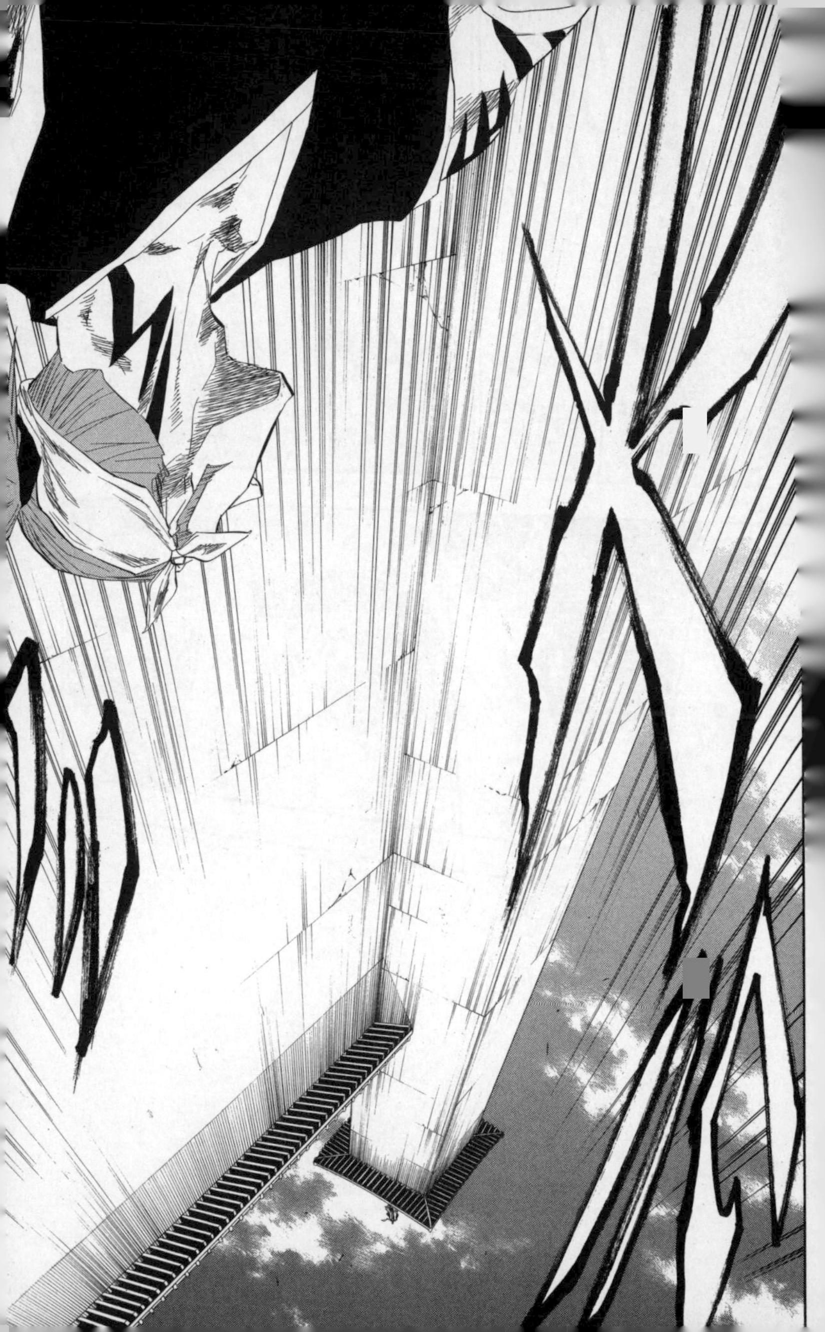

……朽木《くちき》……
……隊長《たいちょう》——……

何処《どこ》へ行《い》く
恋次《れんじ》
…ルキアを…
…助《たす》けに行《い》きます
ならぬ

行《い》きます
ザリ
…どうあっても
通《とお》しては貰《もら》えませんか
二《に》度《ど》は言《い》わぬ

来《く》る!!!!

…『閃花《せんか》』……
回転《かいてん》をかけた特殊《とくしゅ》な瞬歩《しゅんぽ》で相手《あいて》の背後《はいご》を取《と》り
刺突《しとつ》で鎖結《さけつ》と魄睡《はくすい》を破壊《はかい》する…
あんたの得意技《とくいわざ》だ
何度《なんど》も見《み》た
頭《あたま》では理屈《りくつ》ではあんたの動《うご》きを掴《つか》んでた
…ようやく体《からだ》がついてこれる所《ところ》まで来《き》たらしい
朽木隊長《くちきたいちょう》
もうその剣《けん》で俺《おれ》は殺《ころ》せねえ!
…随分《ずいぶん》と饒舌《じょうぜつ》だな…
何《なに》をそんなに舞《ま》い上《あ》がる?

その程度《ていど》で
私《わたし》の剣《けん》を凌《しの》いだつもりか
散《ち》れ

『千《せん》本《ぼん》桜《ざくら》』

…言《い》ったろ
もう その剣《けん》じゃ 俺《おれ》は殺《ころ》せねえ
…副隊長《ふくたいちょう》に なってからじゃ ねえんだ

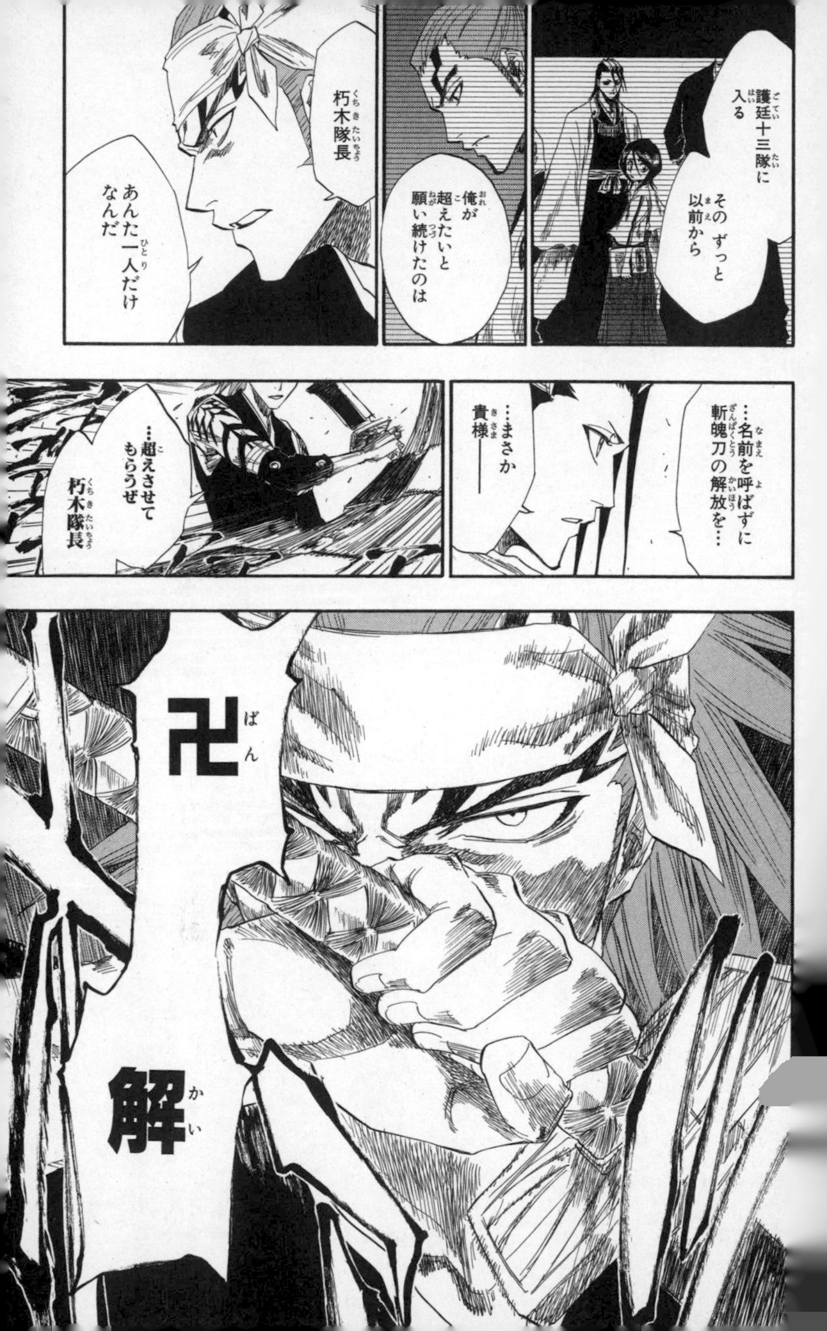
護廷《ごてい》十三隊《たい》に入《はい》る
その ずっと以前《まえ》から
俺《おれ》が超《こ》えたいと願《ねが》い続《つづ》けたのは
朽木隊長《くちきたいちょう》
あんた一人《ひとり》だけなんだ
…名前《なまえ》を呼《よ》ばずに斬魄刀《ざんぱくとう》の解放《かいほう》を……
…まさか貴様《きさま》——
…超《こ》えさせてもらうぜ
朽木隊長《くちきたいちょう》
卍《ばん》
解《かい》

その現シリーズ⑤
ジュ太様の
最強日記!!
8/5 くもり
今日道ばたでインネンつけてきやがったがキどもをシバいてやった。
そしたらソイツらはオレ様の強さにホレ込んで助っ人をたのみてーとか言ってきやがった。
何だか知んねーが強さにホレたとか言われちゃしょーがねーなハナシぐらいは聞いてやるか。

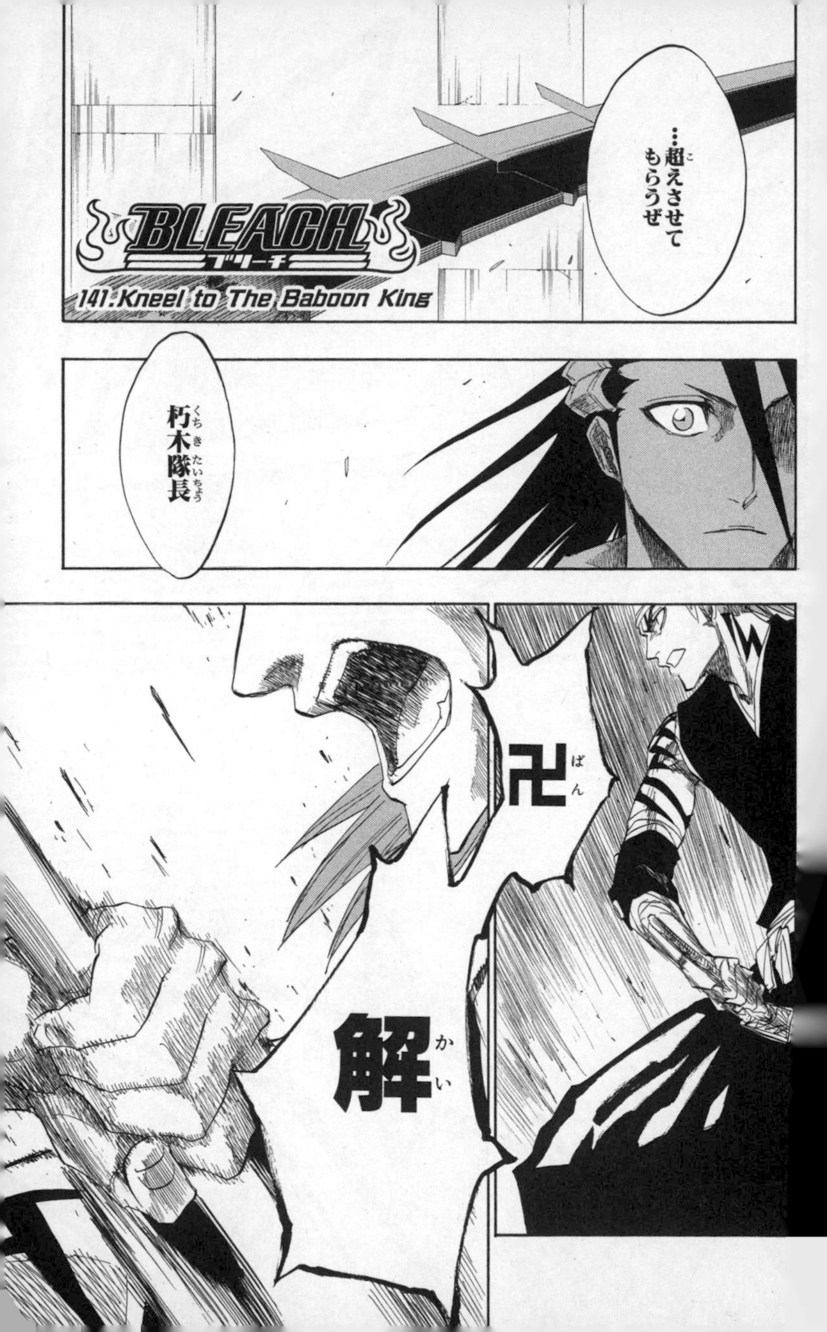
…超《こ》えさせてもらうぜ
BLEACH ブリーチ
141.Kneel to The Baboon King
朽木《くちき》隊長《たいちょう》
卍《ばん》
解《かい》

オオオオオオオオ
オオオオオオオオ
オオオオオオオオ

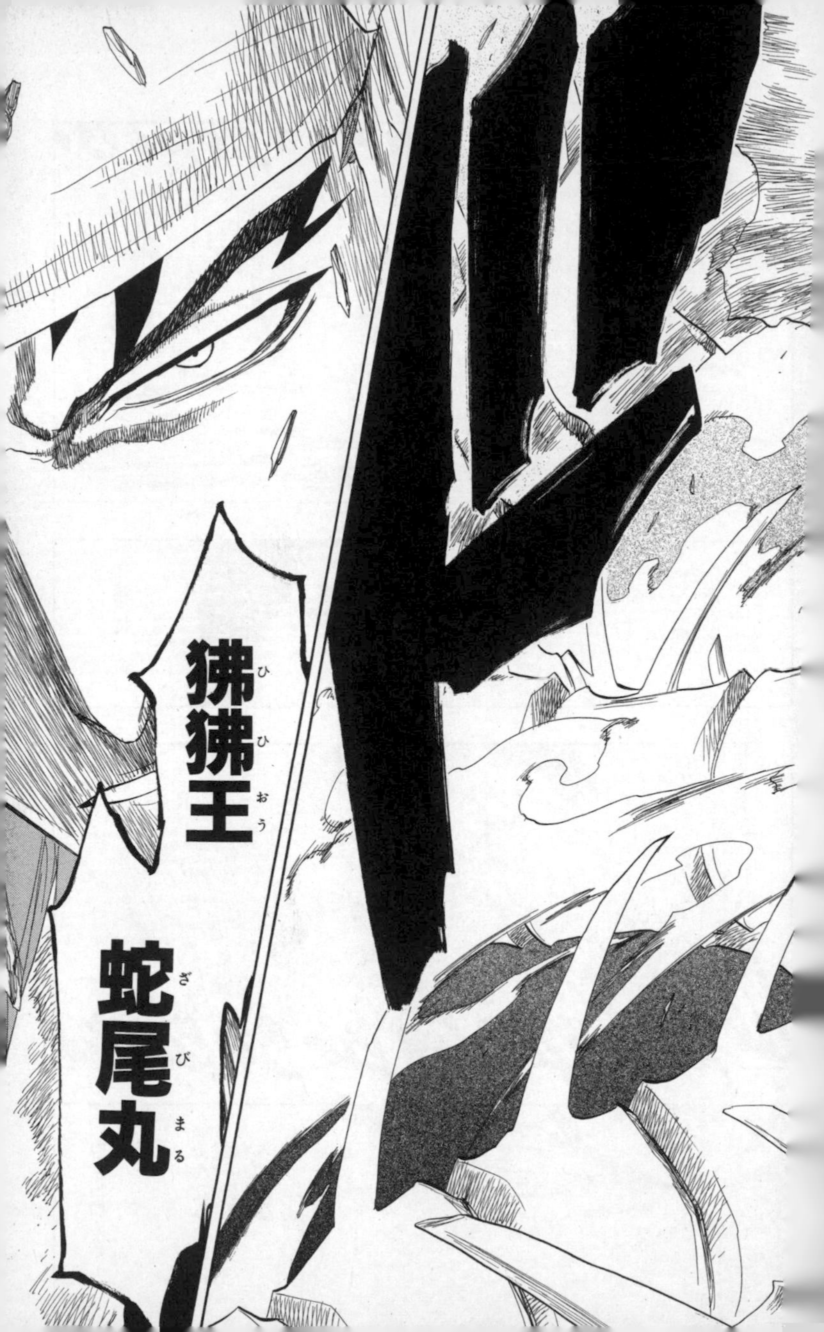
狒《ひ》狒《ひ》王《おう》 蛇《ざ》尾《び》丸《まる》

……貴様《きさま》……
いつの間《ま》に卍解《ばんかい》など…
わからねえさ
あんたみたいに足下《あしもと》を見《み》ねえ人《ひと》にはな

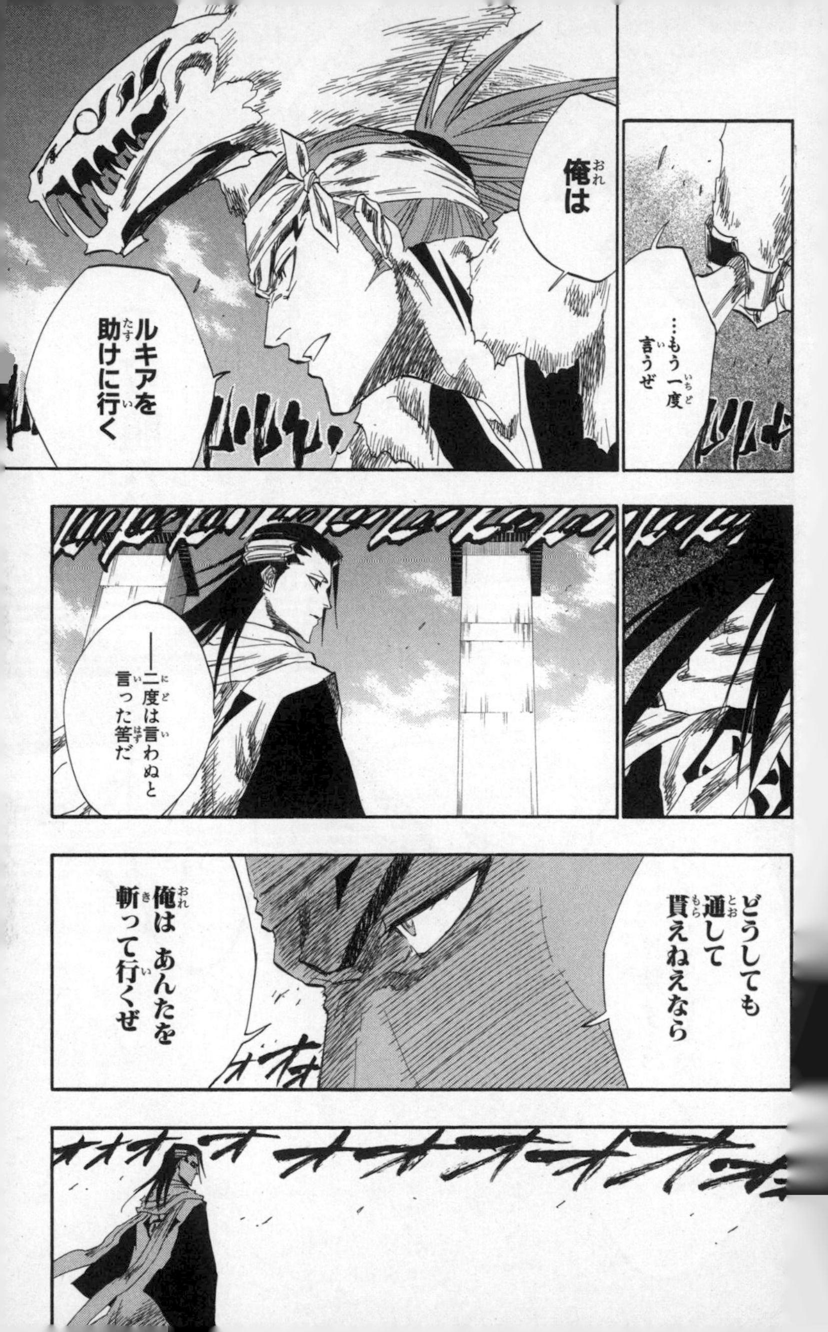
…もう一度《いちど》言《い》うぜ
俺《おれ》は
ルキアを助《たす》けに行《い》く
——二度《にど》は言《い》わぬと言《い》った筈《はず》だ
どうしても通《とお》して貰《もら》えねえなら
俺《おれ》は あんたを斬《き》って行《い》くぜ

不可能《ふかのう》だ
貴様《きさま》では
私《わたし》に 片膝《かたひざ》すら つかせることは できぬ

ザア
ザッ

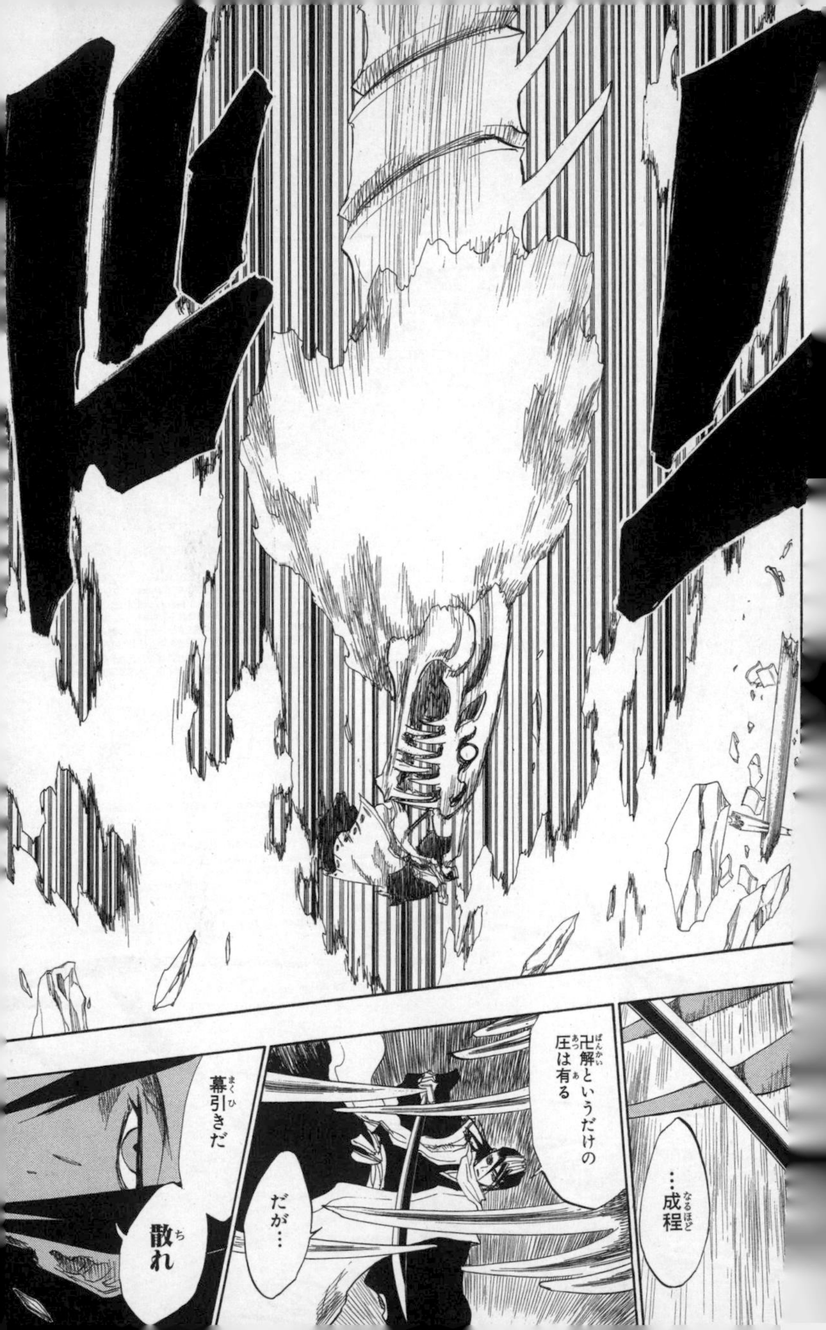
…成程《なるほど》
卍解《ばんかい》というだけの圧《あつ》は有《あ》る
だが…
幕引《まくひ》きだ
散《ち》れ

『千本桜《せんぼんざくら》』

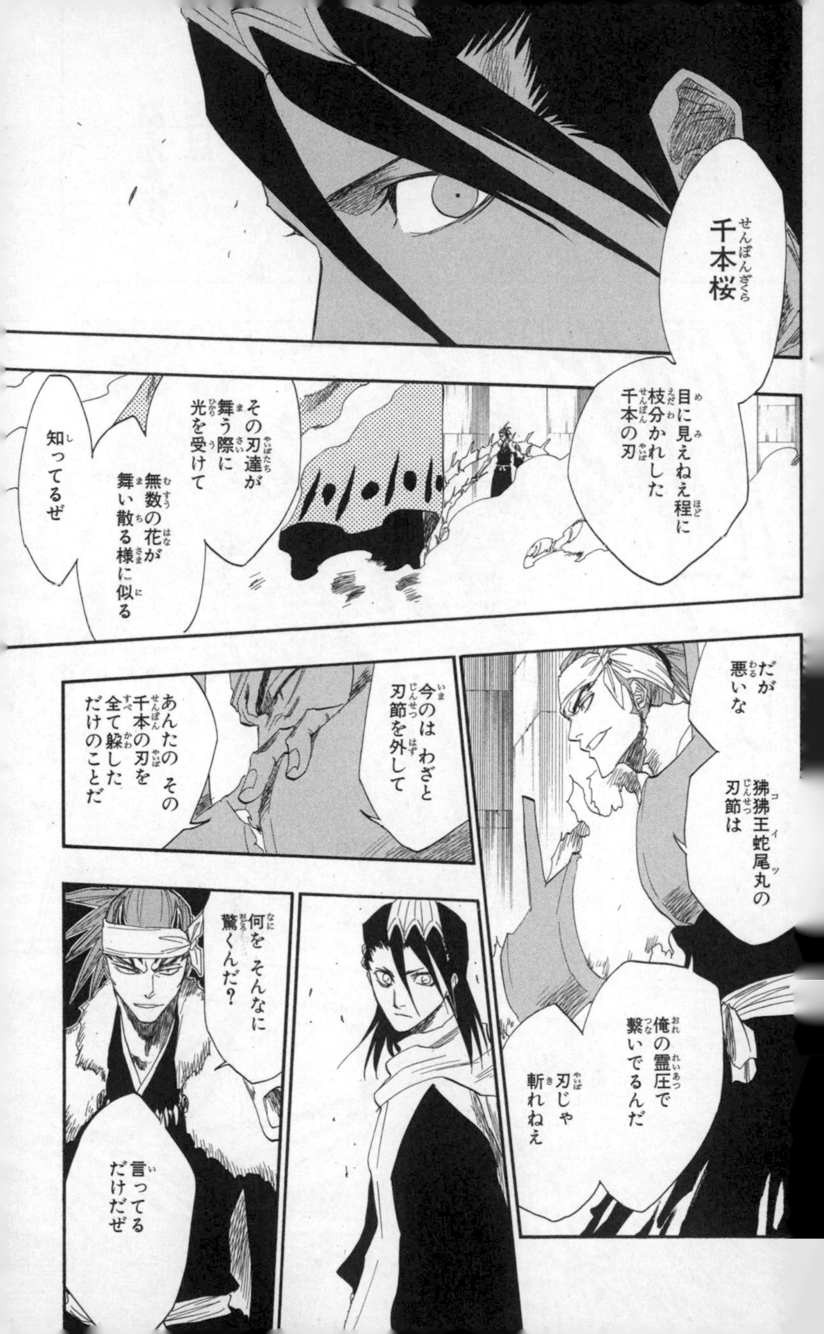
千本桜《せんぼんざくら》
目《め》に見《み》えねえ程《ほど》に枝分《えだわ》かれした千本《せんぼん》の刃《やいば》
その刃達《やいばたち》が舞《ま》う際《さい》に光《ひかり》を受《う》けて
無数《むすう》の花《はな》が舞《ま》い散《ち》る様《さま》に似《に》る
知《し》ってるぜ
だが悪《わる》いな
狒狒王蛇尾丸《コイツ》の刃節《じんせつ》は
俺《おれ》の霊圧《れいあつ》で繋《つな》いでるんだ 刃《やいば》じゃ斬《き》れねえ
今《いま》のは わざと刃節《じんせつ》を外《はず》して
あんたの その千本《せんぼん》の刃《やいば》を全《すべ》て躱《かわ》しただけのことだ
何《なに》を そんなに驚《おどろ》くんだ?
言《い》ってるだけだぜ

あんたの
剣《けん》は
見《み》えてる・
ってな

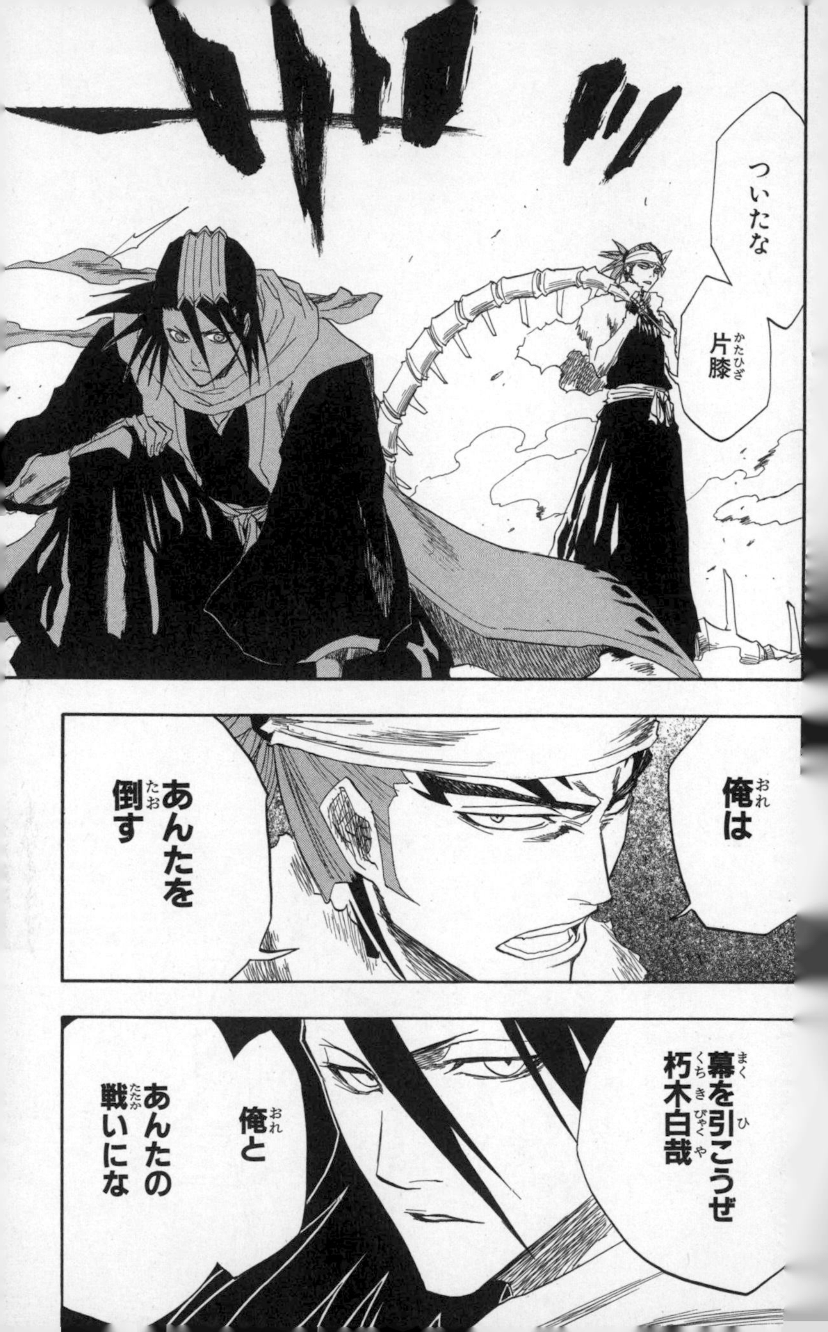
ザッ
ついたな 片膝《かたひざ》
俺《おれ》は
あんたを 倒《たお》す
幕《まく》を引《ひ》こうぜ 朽木《くちき》白哉《びゃくや》
俺《おれ》と あんたの 戦《たたか》いにな

8/9 あめ

助っ人ってのはどうやらサッカーの
助っ人らしい。つーワケでそいつらに
もらったビデオでサッカーを
けんきゅうするオレ様。

…何だ。サッカーってのは
野球とは違うのか。
つーかコイツらバカだぜ。
こんなもんゴールの前で
ジャマしてるヤローをブッとばせば
点入れほうだいじゃねーか。
ラクショーだぜラクショー。

ーザ…
──幕《まく》を引《ひ》く……
…か
142.月《つき》を捉《とら》うものへ告《つ》ぐ
──よかろう

142.月《つき》を捉《とら》うものへ告《つ》ぐ

…言《い》ったろうが もう忘《わす》れたのかよ?
俺《おれ》には もう あんたの剣《けん》は見《み》えてんだ…
幕《まく》を引《ひ》くのは…
俺《おれ》の剣《けん》だ!!!

破道《はどう》の三十三
蒼火墜《そうかつい》

くッ!!!
詠唱《えいしょう》破棄《はき》!!
言霊《ことだま》の詠唱《えいしょう》を無視《むし》した中級《ちゅうきゅう》鬼道《きどう》でこの威力《いりょく》かよ!!

甘《あめ》え!!
この程度《ていど》で あんたの動《うご》きを…
見失《みうしな》うとでも 思《おも》ったのかよ!!

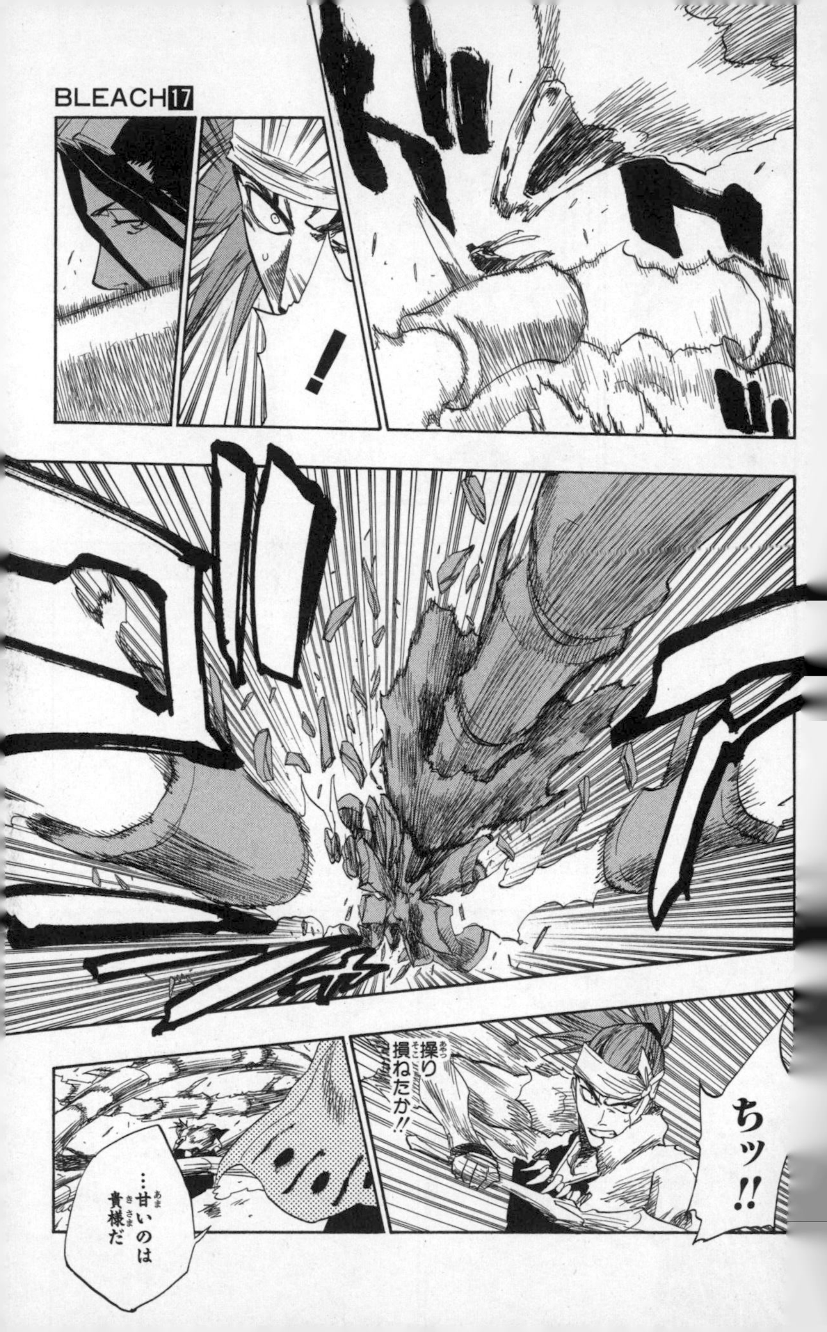
!
ちッ!!
操《あやつ》り損《そこ》ねたか!!
…甘《あま》いのは貴様《きさま》だ

私《わたし》が鬼道《きどう》を放《はな》ったのは目眩《めくら》ましの為《ため》ではない
貴様《きさま》の卍解《ばんかい》の動《うご》きを乱《みだ》す為《ため》だ
…!
卍解《ばんかい》の欠点《けってん》は
霊圧《れいあつ》に比例《ひれい》したその巨大《きょだい》さにある
刀剣《とうけん》としての常識《じょうしき》を超《こ》えた形状《けいじょう》と巨大《きょだい》さ故《ゆえ》に
その動《うご》きの全《すべ》てを完全《かんぜん》に把握《はあく》する為《ため》には
卍解《ばんかい》を会得《えとく》してなお十余年《じゅうよねん》の鍛錬《たんれん》が必要《ひつよう》だ
恋次《れんじ》
貴様《きさま》はまだ
卍解《ばんかい》で戦《たたか》うには早過《はやす》ぎる

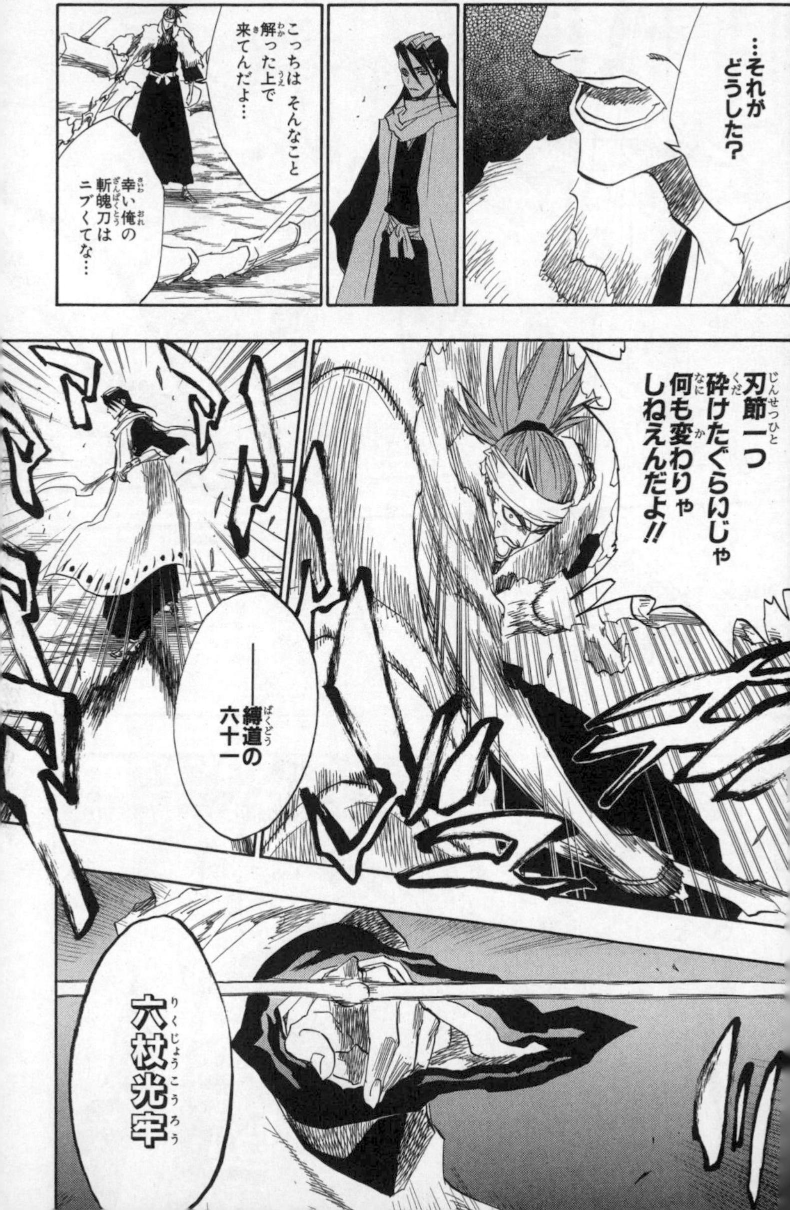
…それがどうした？
こっちは そんなこと解《わか》った上《うえ》で来《き》てんだよ…
幸《さいわ》い俺《おれ》の斬魄刀《ざんぱくとう》はニブくてな…
刃節《じんせつ》一《ひと》つ砕《くだ》けたぐらいじゃ何《なに》も変《か》わりゃしねえんだよ!!
縛道《ばくどう》の六十一——
六杖光牢《りくじょうこうろう》

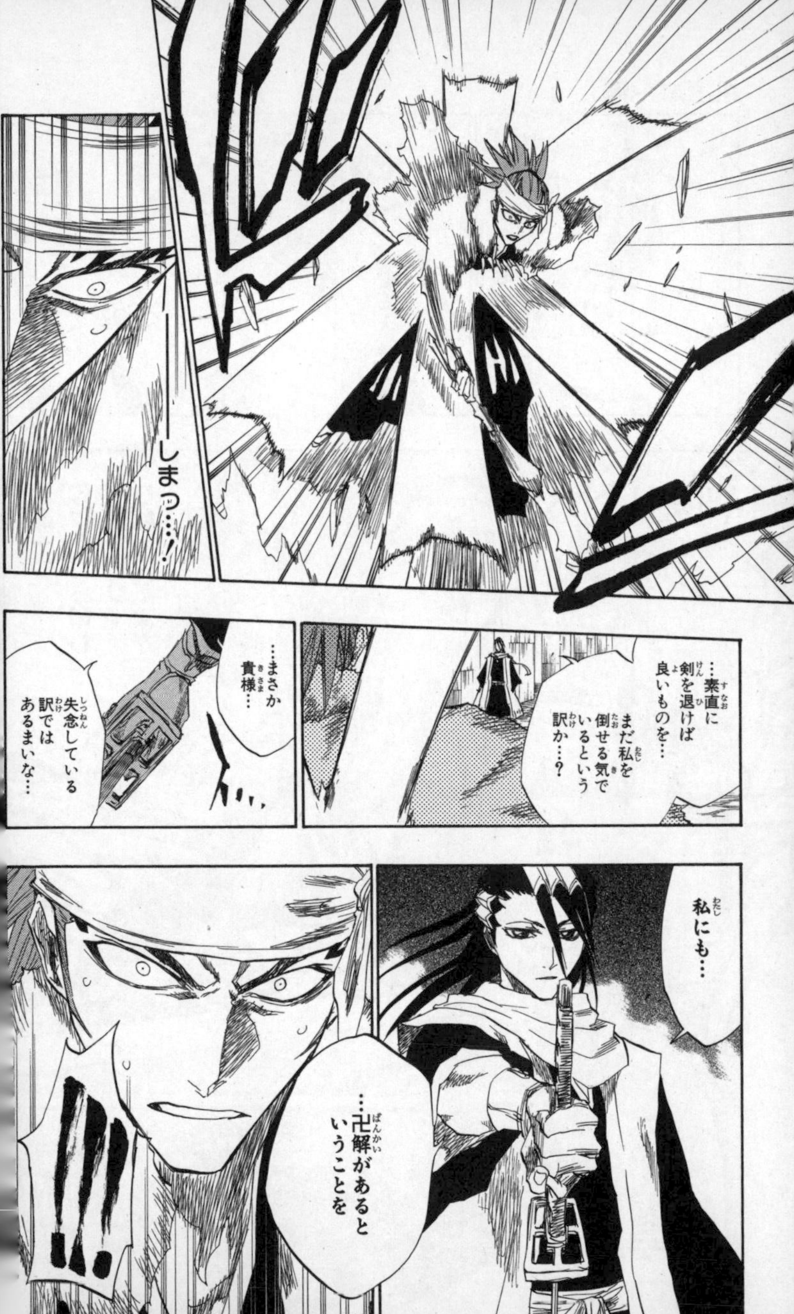
しまっ…!
…素直《すなお》に剣《けん》を退《ひ》けば良《よ》いものを…
まだ私《わたし》を倒《たお》せる気《き》でいるという訳《わけ》か…?
…まさか貴様《きさま》…
失念《しつねん》している訳《わけ》ではあるまいな…
私《わたし》にも…
…卍解《ばんかい》があるということを
!!!

卍解《ばんかい》——

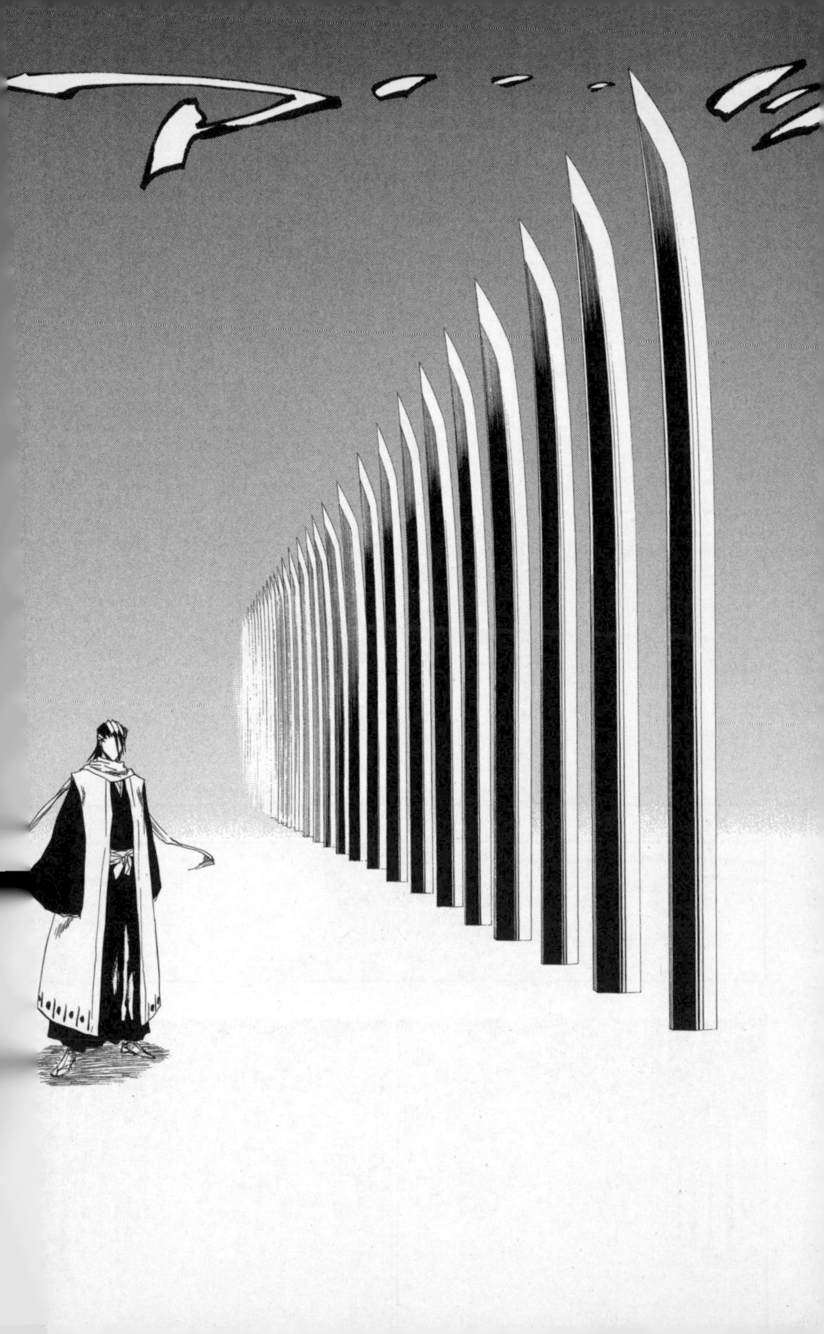

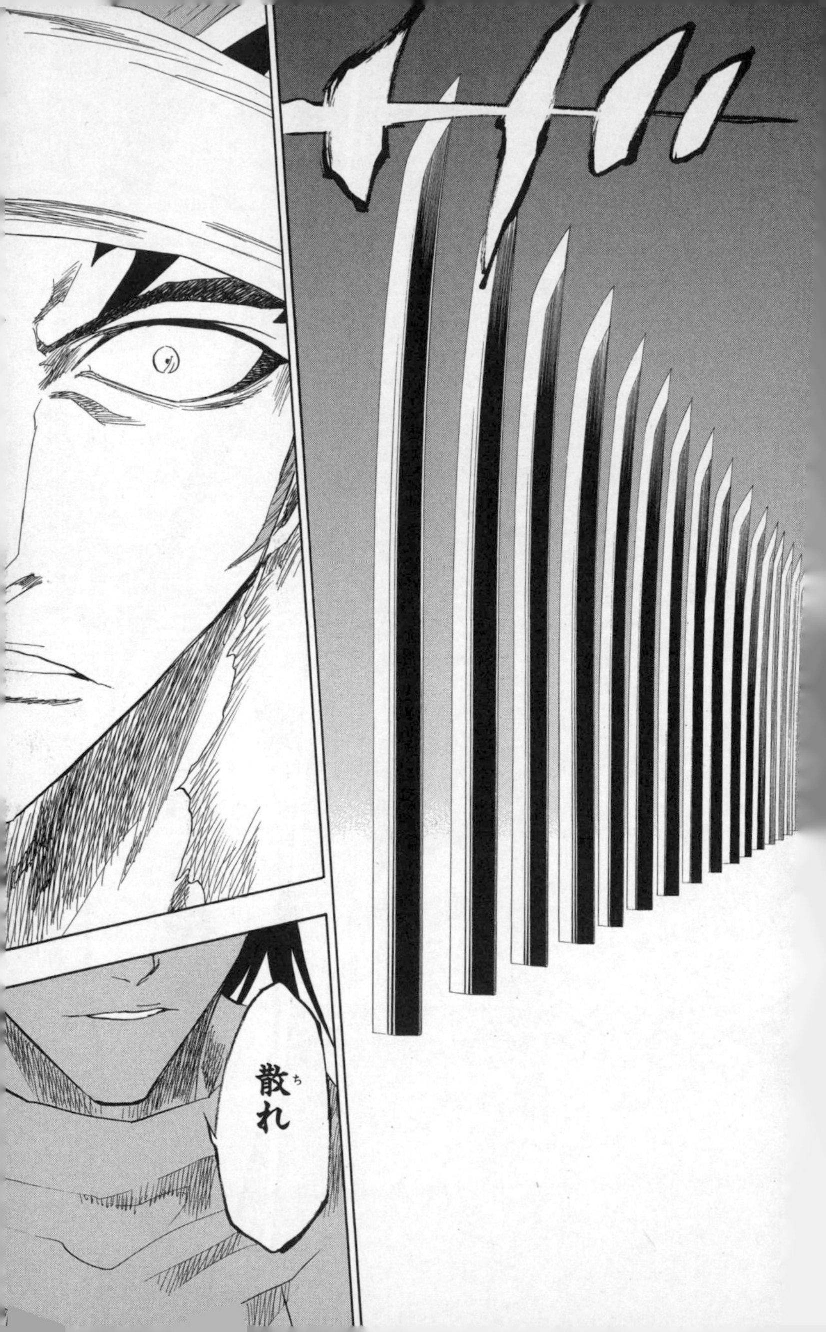
散《ち》れ

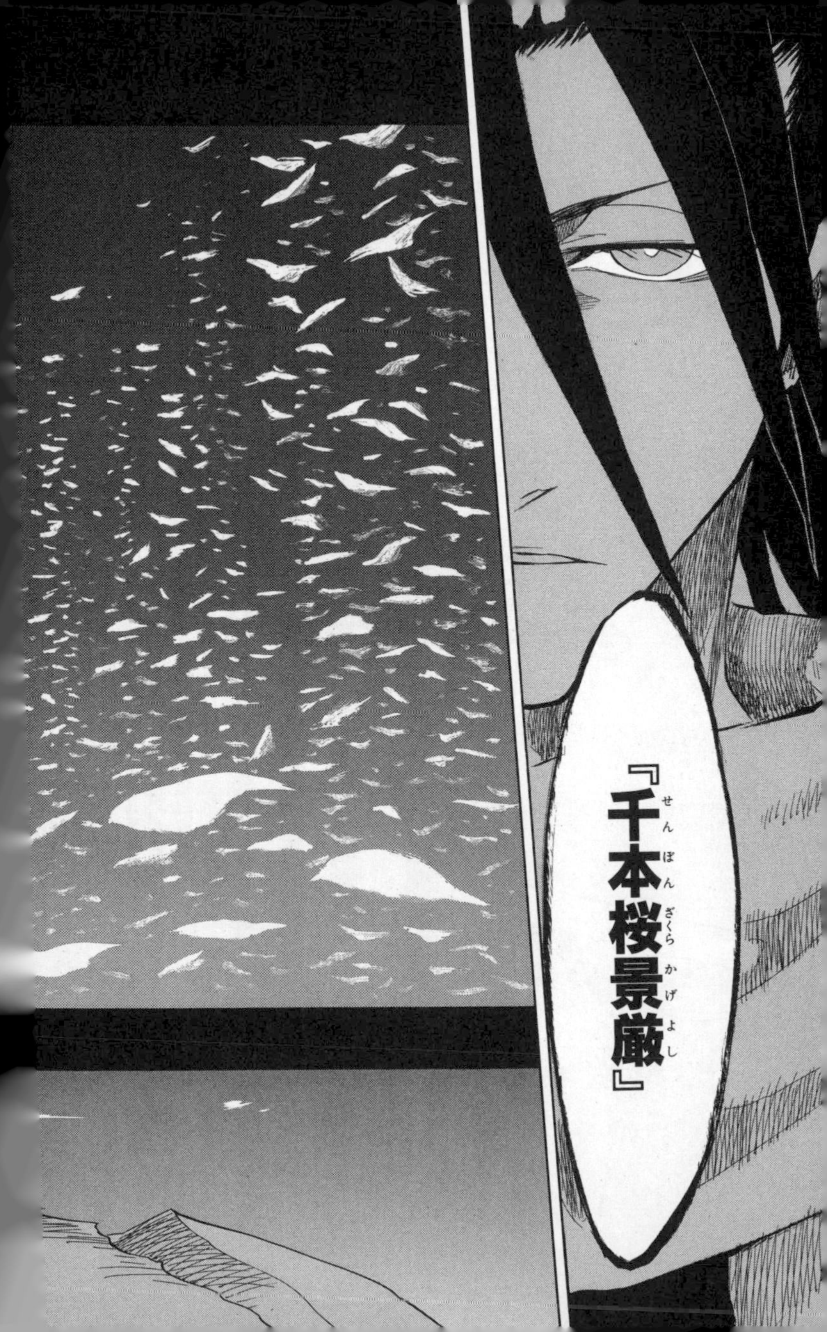
『千《せん》本《ぼん》桜《ざくら》景《かげ》厳《よし》』

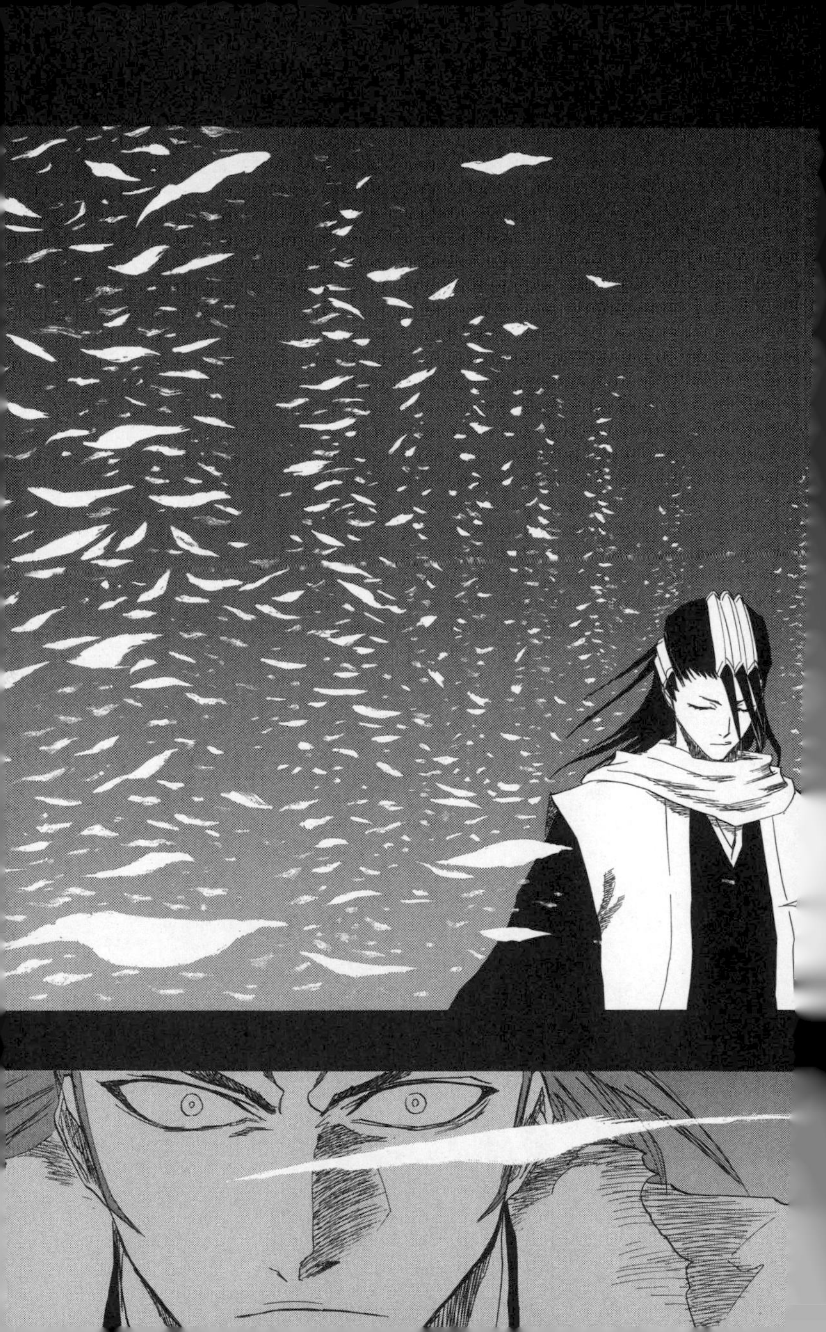

——私《わたし》と貴様《きさま》で
何《なに》が違《ちが》うのか教《おし》えてやろうか……

格《かく》だ
猿猴捉月《えんこうそくげつ》
けだものの眼《め》に映《うつ》るのは
所詮《しょせん》水《みず》に映《うつ》った月《つき》までだ

それを捉《と》ろうと
踠《もが》いても
ただ水底《みなそこ》に
沈《しず》むのみ
貴様《きさま》の
牙《きば》は
私《わたし》に届《とど》く
ことは無《な》い
永遠《えいえん》にな

8/12 はれ
店番のあいまにウルル相手に
サッカーのとっくんをしてたら
いつものあのヤローが買い物に来た。
あ こんにちはー!
何してるので?
べっ… 別になんもしてねーよ!!
ジャマすんな あっち行け!!

カラン

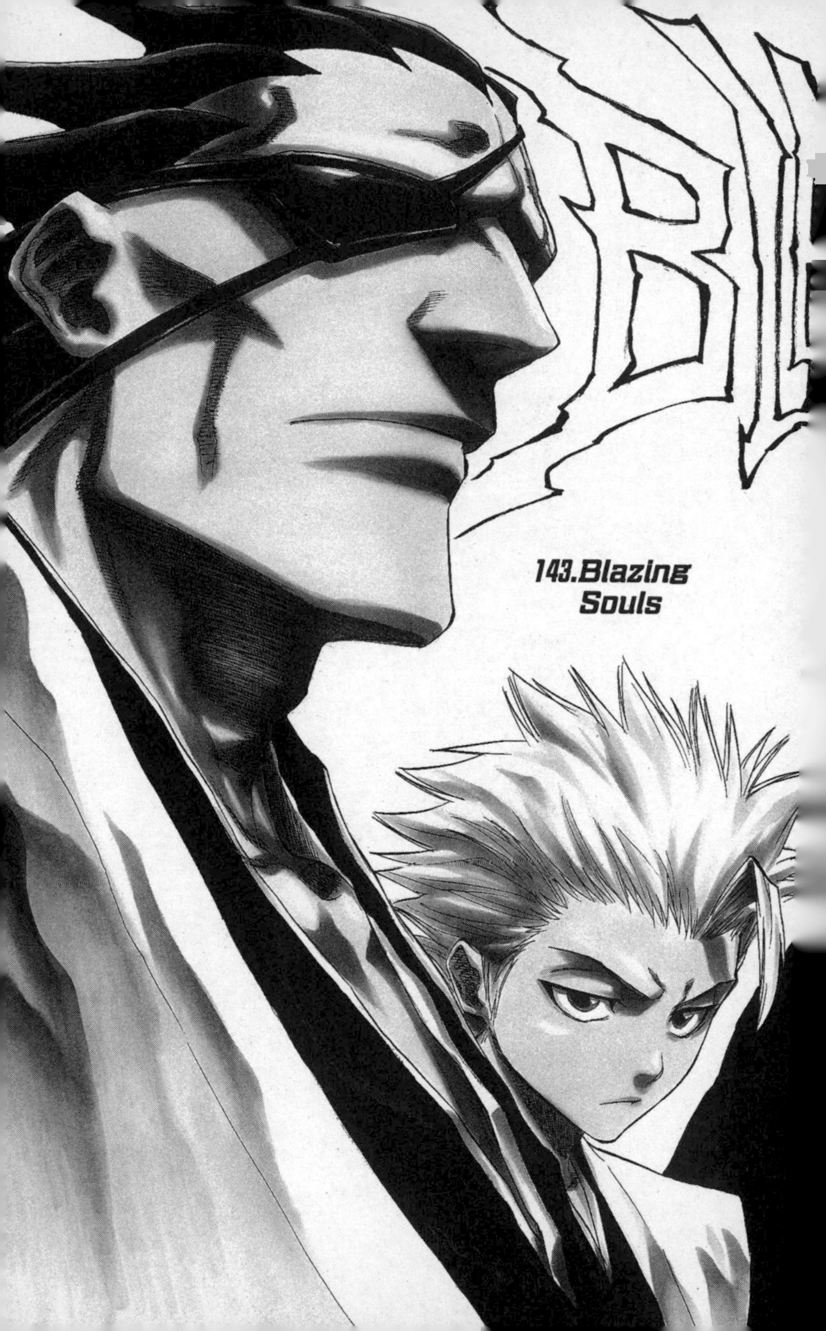
143.Blazing
Souls

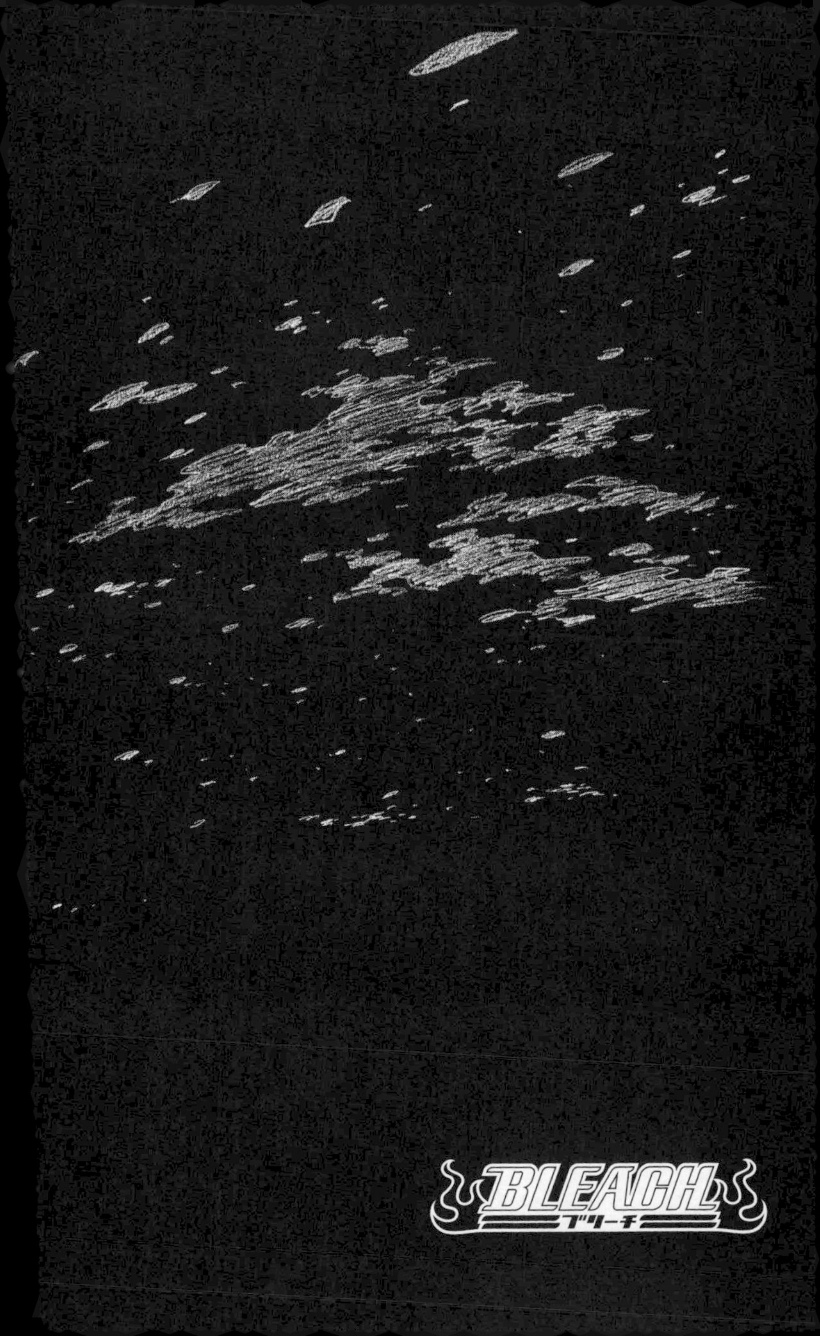
BLEACH
ブリーチ

…この霊圧《れいあつ》…
誰《だれ》だか知《し》らねえが…
向《む》こうの方《ほう》でも中々《なかなか》派手《はで》に斬《き》り合《あ》ってやがるみてえだな…
いいじゃねえか…

いよいよ祭《まつ》り染《じ》みてきやがったぜ…！
なア!!!
…足許《あしもと》より立《た》ち昇《のぼ》る千本《せんぼん》の刃《やいば》
その千本《せんぼん》の刃《やいば》が散《ち》ることによって生《う》まれる無数《むすう》の刃《やいば》は
最早《もはや》その数《かず》を知《し》ることさえかなわぬ

軌道《きどう》を読《よ》むことはできぬ
躱《かわ》すことなどなお できぬ
風《かぜ》を見送《みおく》るが如《ごと》く
全《すべ》ては唯《ただ》 立《た》ち尽《つ》くし塵《ちり》に帰《き》すのみ
誇《ほこ》るがいい
この刃《やいば》をその身《み》に受《う》けてなお

人《ひと》の形《かたち》を保《たも》っていることを
…何《なん》だ
まだ息《いき》があったか…

…動《うご》くな
命《いのち》を縮《ちぢ》めるぞ
…まだだ…

まだ俺《おれ》は…
戦《たたか》えるぜ…!!
…聞《き》こえなかったのか?
動《うご》くなと言《い》ったのだ

私《わたし》の卍解《ばんかい》を受《う》けて まだ息《いき》があるというところ迄《まで》はな
褒《ほ》めてやろう
だが 次《つぎ》に動《うご》けば 容赦《ようしゃ》せぬ
貴様《きさま》の 五体《ごたい》
私《わたし》の 刃《やいば》で

悉《ことごと》く塵《ちり》にしてくれる
ゴゴ…
…貴様《きさま》も解《わか》っているだろう
卍解《ばんかい》は消《き》えた
意志《いし》に反《はん》する卍解《ばんかい》の消滅《しょうめつ》は持主《もちぬし》の死期《しき》が近《ちか》いことを意味《いみ》する
貴様《きさま》は直《じき》に息絶《いきた》える
立《た》ち上《あ》がるならば私《わたし》が殺《ころ》す
…今一度《いまいちど》問《と》おう

それでも猶《なお》貴様《きさま》は
ルキアを救《すく》うなどと戯《ざ》れ言《ごと》を言《い》うか？

息《いき》が…
…できねえ…
霊圧《れいあつ》で…
灰《はい》になっちまい
そうだ…
もう…
指一本《ゆびいっぽん》も
動《うご》かせねえ…
——ダメだ…
遠《とお》すぎたんだ——…
やっぱり俺《おれ》は
この人《ひと》には…
——勝《か》てねえ——…!!

…まだ立《た》ち上《あ》がるのか
…一護《いちご》…！
…あたりめーだろ…
……何《なに》？

誓《ちか》ったんだよ…
絶対《ぜったい》に助《たす》けるってな…
…誓《ちか》い…
…だと？
誰《だれ》にだ
誰《だれ》でもねえよ…

——ただ 俺《おれ》の——……

魂《たましい》にだ!!!!

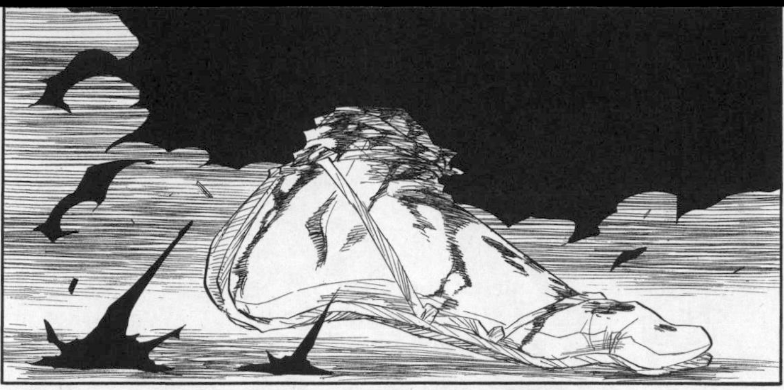

144.Rosa Rubicundior, Lilio Candidior

BLEACH
ブリーチ
144.Rosa Rubicundior, Lilio Candidior

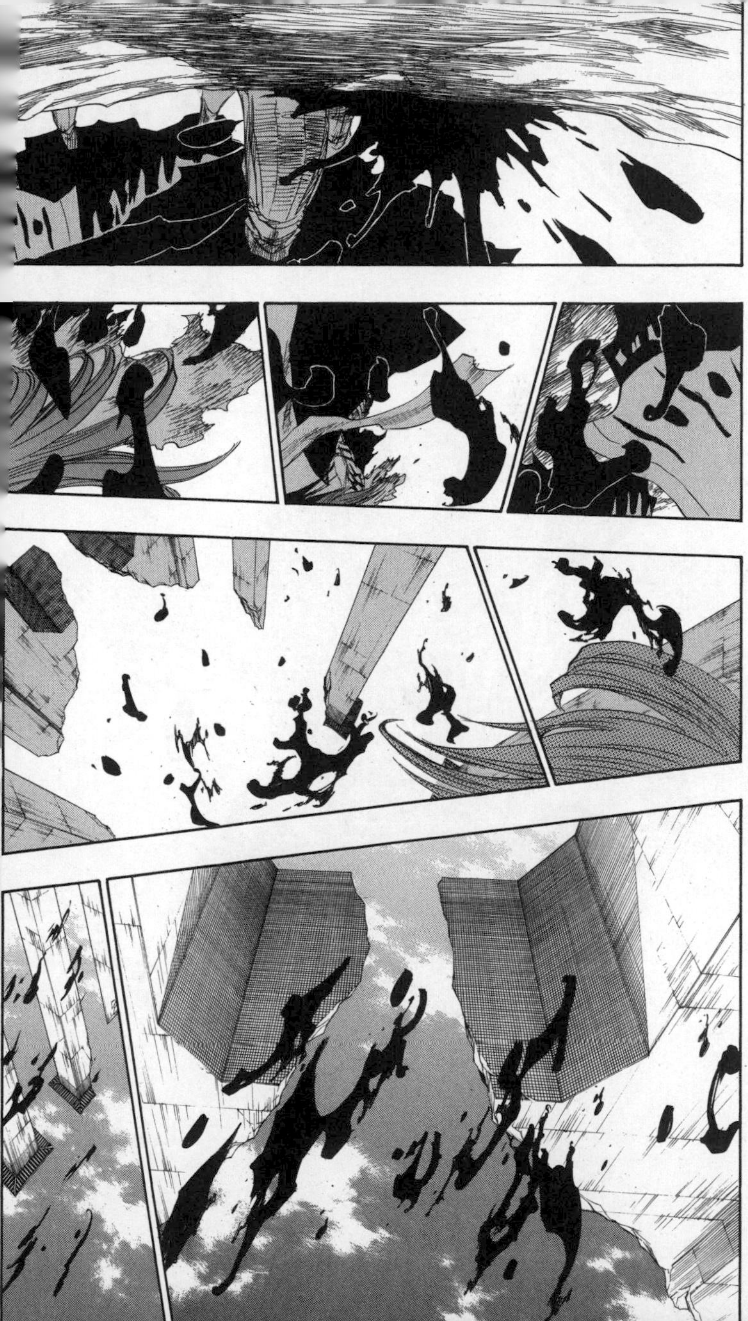

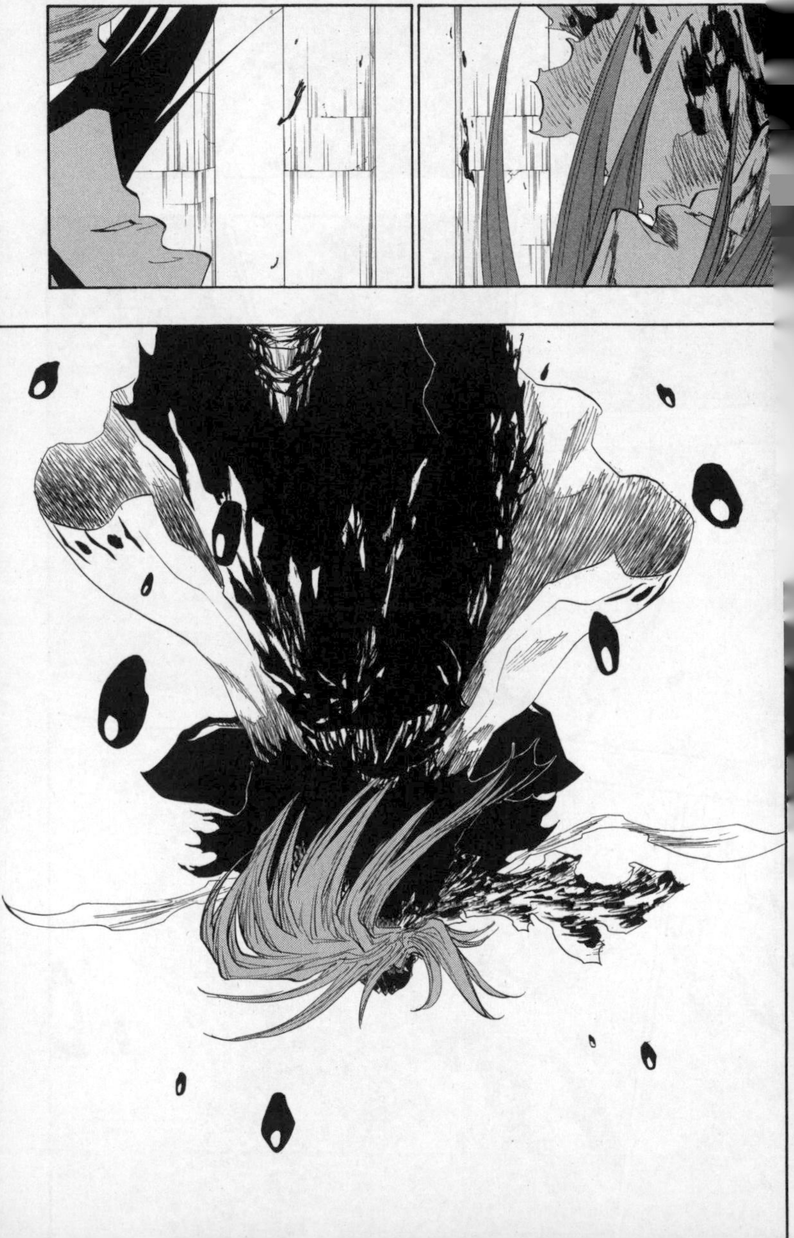

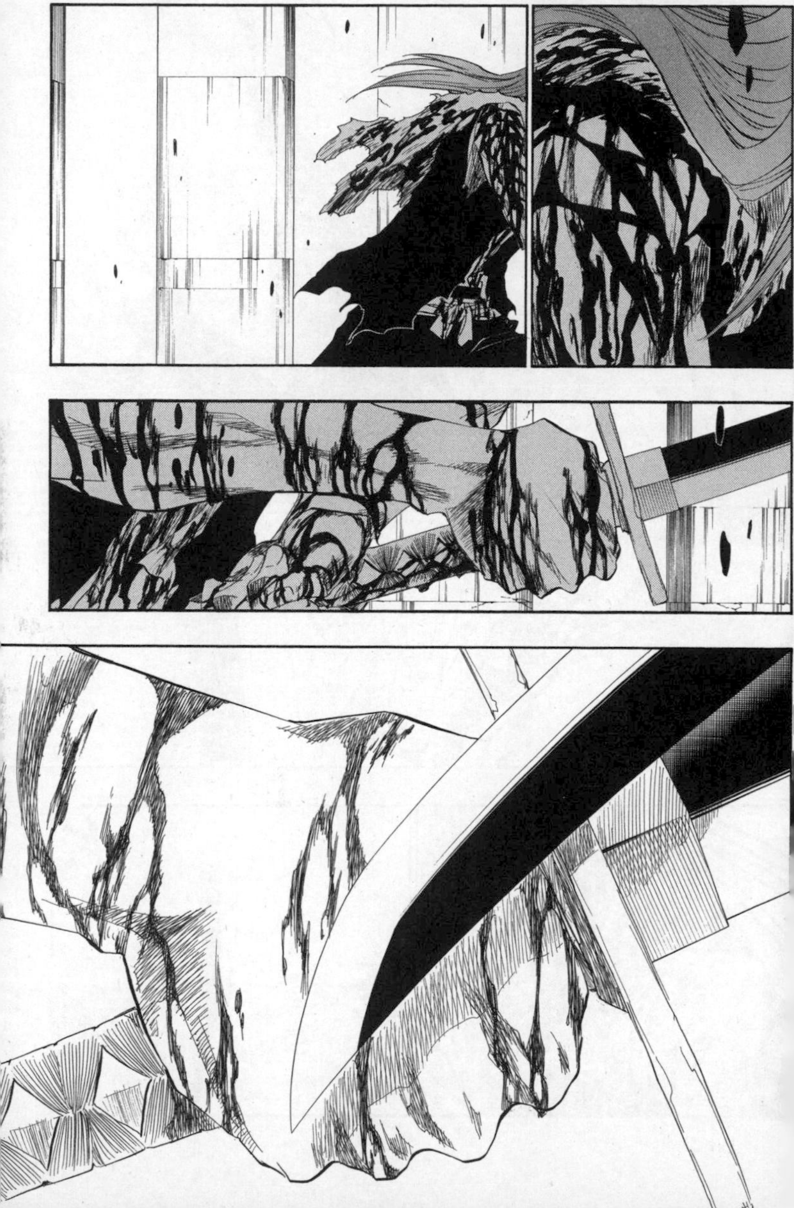

…ちくしょう…

見事《みごと》だ———
貴様《きさま》の牙《きば》———

確《たし》かに私《わたし》に
届《とど》いていたぞ

彼女《かのじょ》には
もう 余《あま》り近付《ちかづ》かない方《ほう》が良《い》い
それが君《きみ》の為《ため》でもあり
彼女《かのじょ》の為《ため》でもあるんだ
彼女《かのじょ》だって解《わか》ってる筈《はず》だよ
彼女《かのじょ》はもう
僕《ぼく》らとは違《ちが》うんだってことを
へえ
そいつァ大層《たいそう》な目標《もくひょう》だな
朽木白哉《くちきびゃくや》より強《つよ》く…か
難儀《なんぎ》な話《はなし》さ
厭《いや》になるだろう?
いつだって
描《えが》くより破《やぶ》ることの方《ほう》が容易《たやす》くて
解《ほど》くより結《むす》ぶことの方《ほう》が

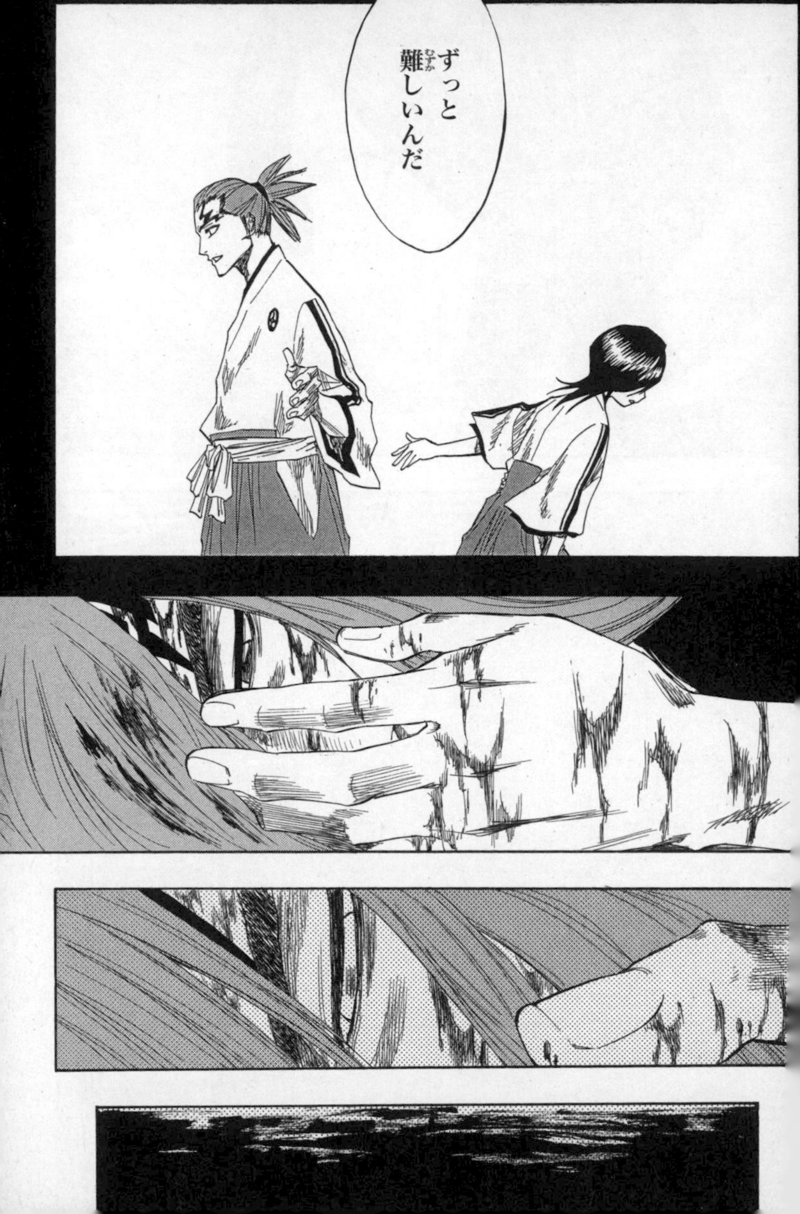
ずっと難《むずか》しいんだ

……恋《れん》……
……次《じ》……？

莫迦《ばか》な…
今迄《いままで》 巨大過《きょだいす》ぎて
誰《だれ》のものか
判然《はんぜん》としなかったが…
ダン
今《いま》 消《き》えた霊圧《れいあつ》は
間違《まちが》いなく恋次《れんじ》の…
なぜだ…
どうして
お前《まえ》が…
恋次《れんじ》!!

おはよ
ご機《き》嫌《げん》いかが
ルキアちゃん
――市丸《いちまる》…
…ギン…！

サッカーするの？
助っ人に呼ばれてて、
へー！すごいね
ジン太くん!!
試合いつ？
明日!?
ま…まーな!!
助っ人ってことはヒミツヘイキってことだかんな!!
そこらのヤツラとはちがうってこと…
じゃあお守りに…
ゴリッ
ゴリッ

あかんなァ
相変《あいか》わらず口悪《くちわる》いんやねぇ
キミは
ギンやのうて
市《いち》丸《まる》隊《たい》長《ちょう》
いつまでもそれやったら叱《しか》られるで
お兄様《にいさま》に

――……
……失礼《しつれい》しました……
……市丸《いちまる》……
……隊長《たいちょう》……
あ
いややなぁ本気《ほんき》にした？
せえへんよ告《つ》げ口《ぐち》なんか
気《き》にせんといて
ボクとキミの仲《なか》やないの
……何故《なぜ》……
何故《なぜ》市丸隊長《いちまるたいちょう》が……
このような処《とこ》においでなのですか…？

あァ
なんや大《たい》した用事《ようじ》やないんやけど
散歩《さんぽ》がてら…
ちょっと意地悪《いじわる》しに

145. Shaken

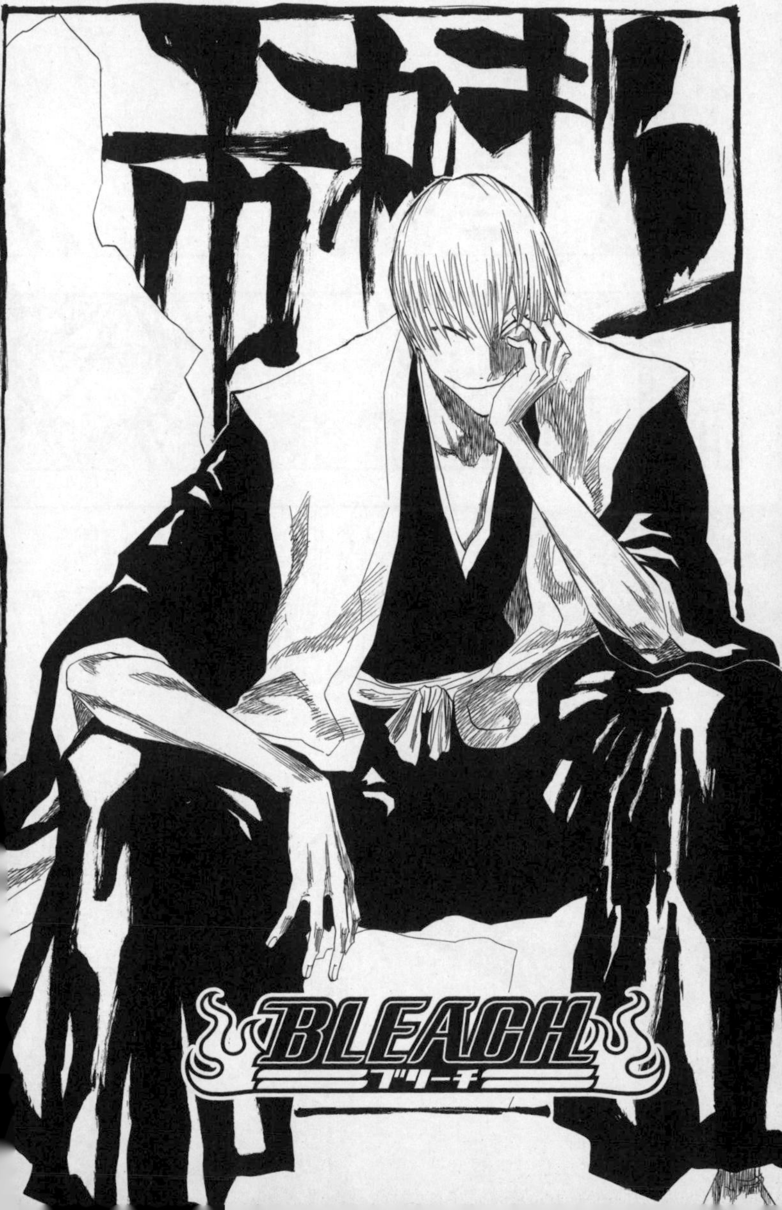

この男《おとこ》が　嫌《きら》いだった
私《わたし》が護廷《ごてい》十三隊《たい》に入隊《にゅうたい》する少《すこ》し前《まえ》に
兄様《にいさま》は六番隊《ばんたい》の隊長《たいちょう》になった
それと時期《じき》を近《ちか》くして三番隊《ばんたい》の隊長《たいちょう》となったこの男《おとこ》は
私《わたし》が時折《ときおり》兄様《にいさま》と歩《ある》いていると決《き》まって兄様《にいさま》に声《こえ》を掛《か》けてきた
傍《はた》から見《み》れば隊長同士《たいちょうどうし》の世間話《せけんばなし》に見《み》えたろう
実際《じっさい》 話《はなし》の内容《ないよう》など有《あ》って無《な》いようなものだった
だが私《わたし》には
とてもそうは思《おも》えなかった
初《はじ》めてこの男《おとこ》を見《み》た時《とき》
全身《ぜんしん》から刺《さ》すような汗《あせ》が吹《ふ》き出《だ》したのを憶《おぼ》えている

指先《ゆびさき》も
口《くち》も
僅《わず》かな眼《め》の動《うご》きさえも
全《すべ》てが蛇《へび》の舌嘗《したな》めずりに見《み》えて
話《はな》しているのは兄様《にいさま》なのに
常《つね》に私《わたし》の喉元《のどもと》に手《て》をかけられているように思《おも》えて
瞼《まぶた》一《ひと》つさえ動《うご》かせなかった
この男《おとこ》が嫌《きら》いだった
日常《にちじょう》の小《ちい》さな亀裂《きれつ》を毒気《どくけ》で溶《と》かされ
知《し》らぬ間《ま》に
病《やまい》のように
ぬるりと奥底《おくそこ》へと入《はい》り込《こ》まれる
そういう恐怖《きょうふ》をこの男《おとこ》に感《かん》じていた

理由《りゆう》など無《な》い
最初《さいしょ》から
私《わたし》の中《なか》の何《なに》かが
この男《おとこ》の総《すべ》てを悉《ことごと》く拒絶《きょぜつ》していたのだ
それは
それから幾度《いくど》
言葉《ことば》を交《かわ》しても
微塵《みじん》も薄《うす》れることはなく
そして今《いま》も
どないしたん?
急《きゅう》に えらい ぼーっとして
何《なに》一《ひと》つ
変《か》わってはいない――…
…いえ…
あァ
そうや
死《し》んでへん みたいやねぇ

阿散井《あばらい》クン
…な…
まさか…！
確《たし》かに…！
集中《しゅうちゅう》して捜《さが》せば…
弱々《よわよわ》しいが
恋次《れんじ》の魄動《はくどう》らしきものが
感《かん》じられる……！
…だが
このままでは…
死《し》ぬやろね
直《す》ぐ

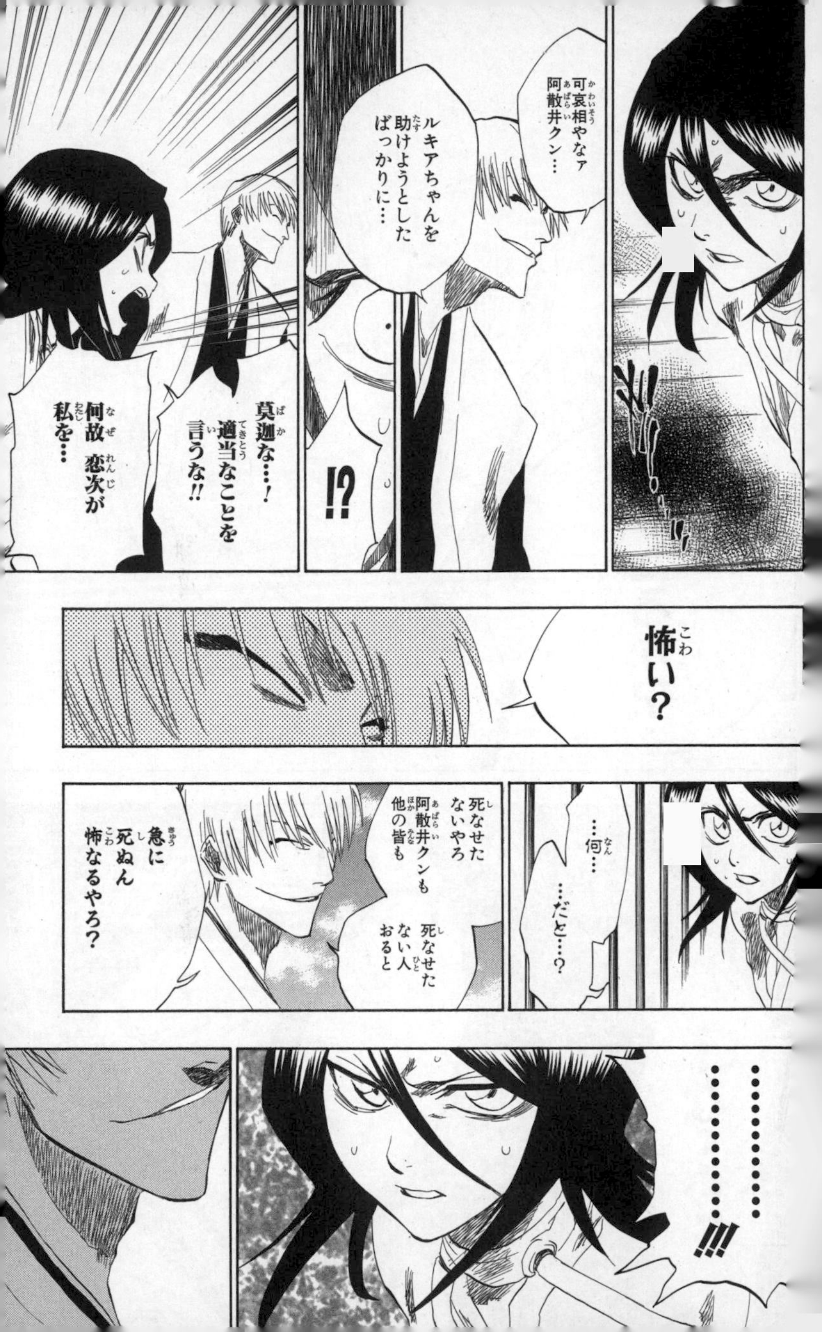
可哀相《かわいそう》やなァ
阿散井《あばらい》クン…
ルキアちゃんを助《たす》けようとしたばっかりに…
!?
莫迦《ばか》な…!
適当《てきとう》なことを言《い》うな!!
何故《なぜ》 恋次《れんじ》が私《わたし》を…
怖《こわ》い？
…何《なん》…
…だと…？
死《し》なせたないやろ
阿散井《あばらい》クンも他《ほか》の皆《みな》も
死《し》なせたない人《ひと》おると
急《きゅう》に死《し》ぬん怖《こわ》なるやろ？
……!!!

助《たす》けたろか？
…な…!?

い…
市丸隊長《いちまるたいちょう》…!?
何《なに》を…
突然《とつぜん》何《なに》をおっしゃいます!!
どうや?
ボクがその気《き》になったら今《いま》スグにでも助《たす》け出《だ》せるで
キミも阿散井《あばらい》クンもそれ以外《いがい》も
…な…
何《なに》を言《い》っているのだこの男《おとこ》は…!?
正気《しょうき》か!?
私《わたし》を助《たす》けてこの男《おとこ》に何《なん》の得《とく》がある!?
一護《いちご》や恋次《れんじ》を助《たす》けて何《なん》の得《とく》があるのだ!?
いや
それとも本当《ほんとう》に——…

嘘《うそ》
バイバイ ルキアちゃん
次《つぎ》は 双殛《そうきょく》で会《あ》お

希望《きぼう》は捨《す》てた
筈《はず》だった
生《い》きる理由《りゆう》も
失《うしな》った筈《はず》だった
未練《みれん》など無《な》い
死《し》ぬことなど
恐《おそ》ろしくは
無《な》いと
揺《ゆ》るがされた
希望《きぼう》に似《に》たものを
ほんのわずか
ちらつかされただけで
こんなにも
容易《たやす》く
生きたいと
思《おも》わされて
しまった
覚悟《かくご》を

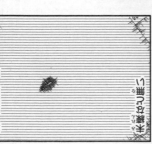

崩《くず》されて
しまった――……

……な……!!!

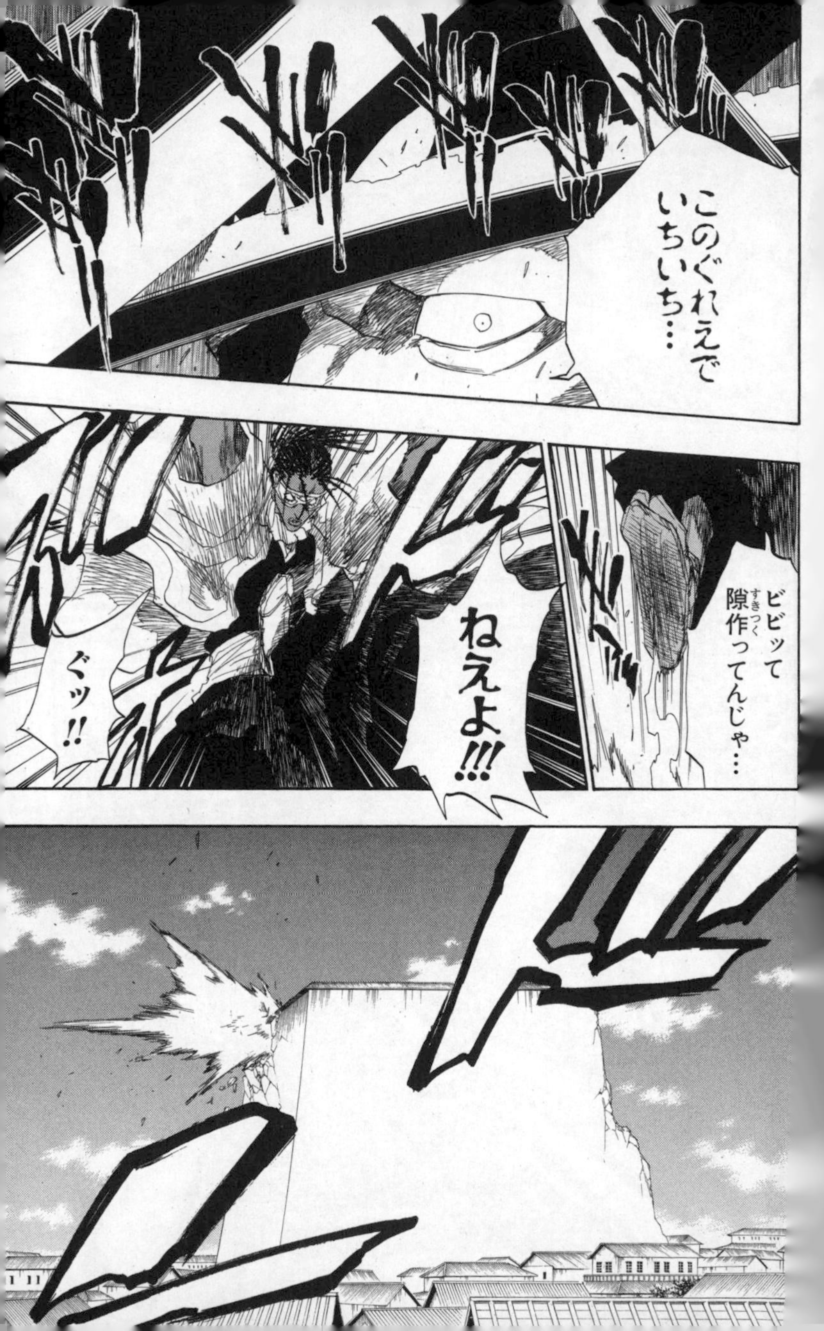
このぐれえでいちいち…
ビビッて隙《すき》作《つく》ってんじゃ…
ねえよ!!!
ぐッ!!

東仙《とうせん》!!!
てめえもだボケ

あ～～～～～！
話《はなし》になんねえなァ!!
てめえら そんな腕《うで》で よく 平気《へいき》で隊長《たいちょう》ヅラ してられんな！
立《た》てよ
まだ死《し》んじゃいねえだろ
死《し》ぬなら隊長《たいちょう》らしく 俺《おれ》に卍解《ばんかい》の一《ひと》つでも 見《み》せてから死《し》ね!!
…自惚《うぬぼ》れるな
貴公《きこう》のような 裏切《うらぎ》り者《もの》に 卍解《ばんかい》など…
待《ま》て 狛村《こまむら》
…私《わたし》が やろう

これかしてあげる!
宝物ってほどじゃないけどあたしのぬいぐるみ!!
大事にしてね!!
名前はボスタフ!!
ジーーーン!
ジーン!
ジーン
ジ~…
バカヤロウてめえ!!
男がぬいぐるみなんか…なんか…なんか…
つづく

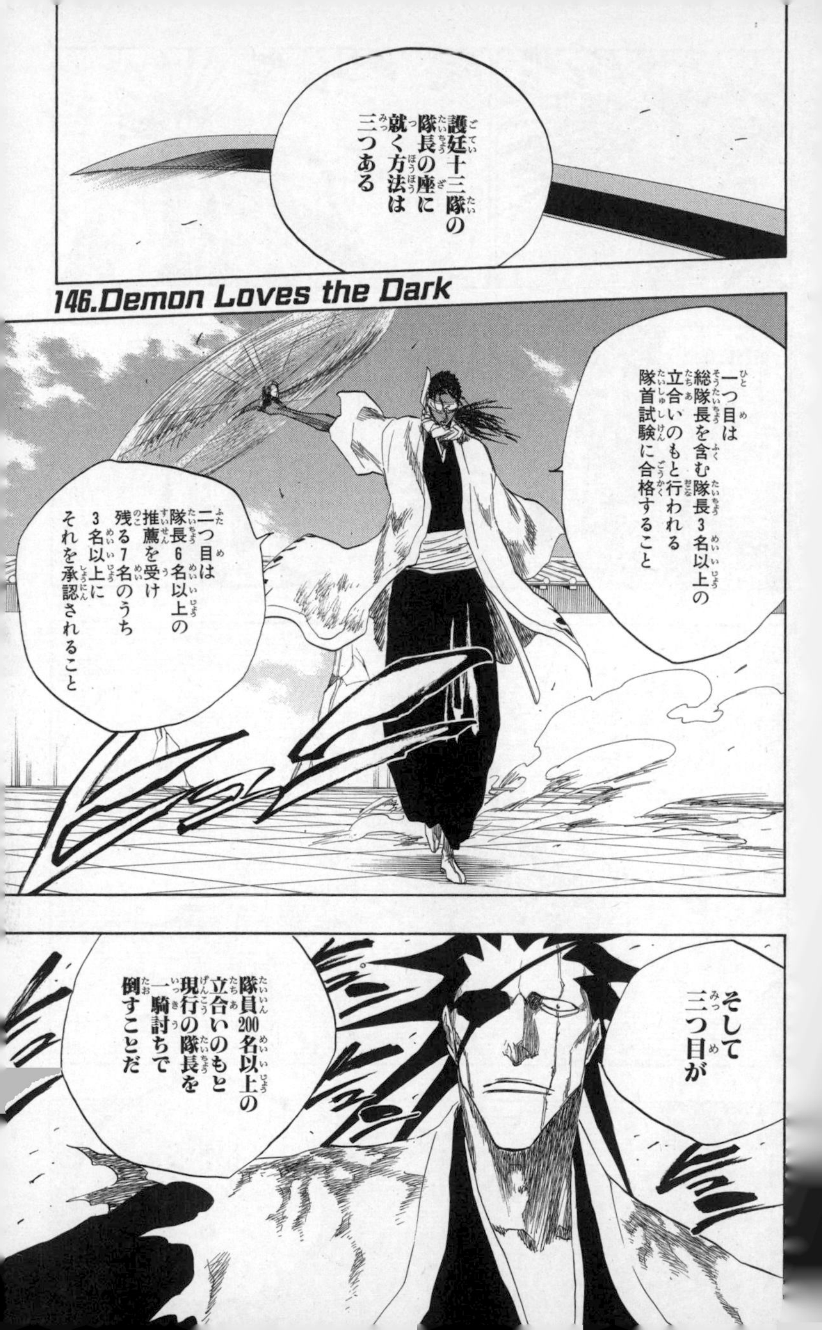
護廷《ごてい》十三隊《たい》の隊長《たいちょう》の座《ざ》に就《つ》く方法《ほうほう》は三《みっ》つある
146.Demon Loves the Dark
一《ひと》つ目《め》は総隊長《そうたいちょう》を含《ふく》む隊長《たいちょう》3名以上《めいいじょう》の立合《たちあ》いのもと行《おこな》われる隊首試験《たいしゅしけん》に合格《ごうかく》すること
二《ふた》つ目《め》は隊長《たいちょう》6名以上《めいいじょう》の推薦《すいせん》を受《う》け残《のこ》る7名《めい》のうち3名以上《めいいじょう》にそれを承認《しょうにん》されること
そして三《みっ》つ目《め》が
隊員《たいいん》200名以上《めいいじょう》の立合《たちあ》いのもと現行《げんこう》の隊長《たいちょう》を一騎討《いっきう》ちで倒《たお》すことだ

…知《し》ってるぜ
それが何《なん》だ
…私《わたし》は
更木剣八《ざらきけんぱち》お前《まえ》が十一番隊《ばんたい》の前隊長《ぜんたいちょう》を殺《ころ》して隊長《たいちょう》の座《ざ》に就《つ》いた時《とき》から
確信《かくしん》にも似《に》た強《つよ》い不安《ふあん》を感《かん》じていた
この男《おとこ》は魔物《まもの》だ
暴力《ぼうりょく》を喰《く》らい血《ち》を啜《すす》る
我々《われわれ》とは違《ちが》う存在《そんざい》だ
此処《ここ》に居《い》させてはいけない

この男《おとこ》はいずれ必《かなら》ず
護廷十三隊《われわれ》の平和《へいわ》を破滅《はめつ》させる
そして事実《じじつ》お前《まえ》は今《いま》
旅禍《りょか》を助《たす》け我々《われわれ》と敵対《てきたい》しこの瀞霊廷《せいれいてい》を更《さら》なる混乱《こんらん》に陥《おとしい》れようとしている
恐《おそ》らくは——お前《まえ》自身《じしん》がただ
更《さら》なる戦《たたか》いを欲《ほっ》するが故《ゆえ》に…！
違《ちが》うか更木《ざらき》
…ゴチャゴチャうるせえよ
要《よう》はてめえが正義《せいぎ》の味方《みかた》だって言《い》いてえだけだろ
はっ
回《まわ》りくどい野郎《やろう》だぜ

そんなに俺《おれ》が気《き》に喰《く》わねえなら
とっとと卍解《ばんかい》して斬《き》りかかってくりゃいいだろうが！
違《ちが》う
気《き》に喰《く》わぬなどと言《い》っているのではない

許《ゆる》し難《がた》いと言《い》っているのだ！
146.Demon Loves the Dar
BLEACH
－ブリーチ－
我等《われら》の築《きず》いた平和《へいわ》を乱《みだ》す
お前《まえ》の言行《げんこう》その全《すべ》てが!!

恨《うら》みは無《な》い
だが
平和《へいわ》の為《ため》には
滅《け》すも已《や》むなし
!!
…東仙《とうせん》…

卍《ばん》
解《かい》

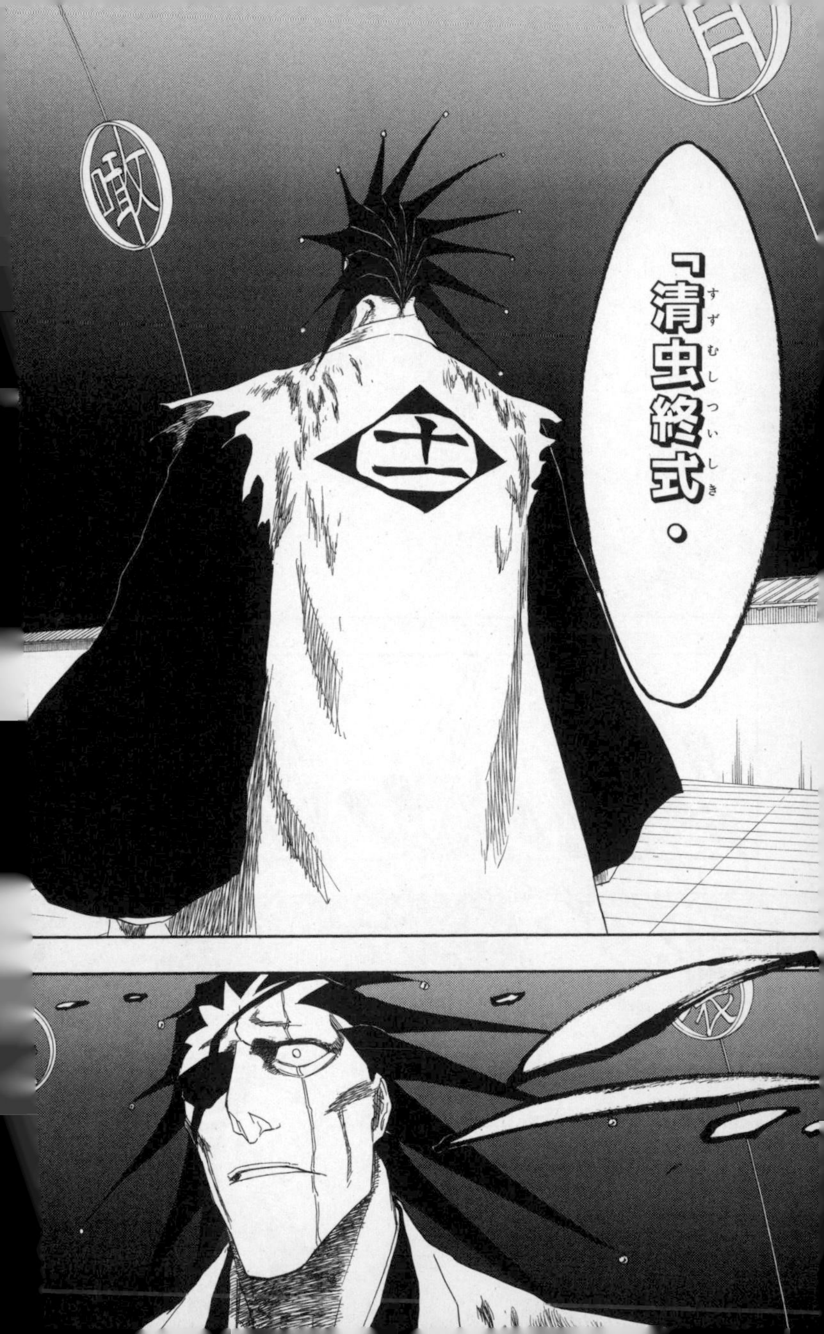
『清虫《すずむし》終式《ついしき》』

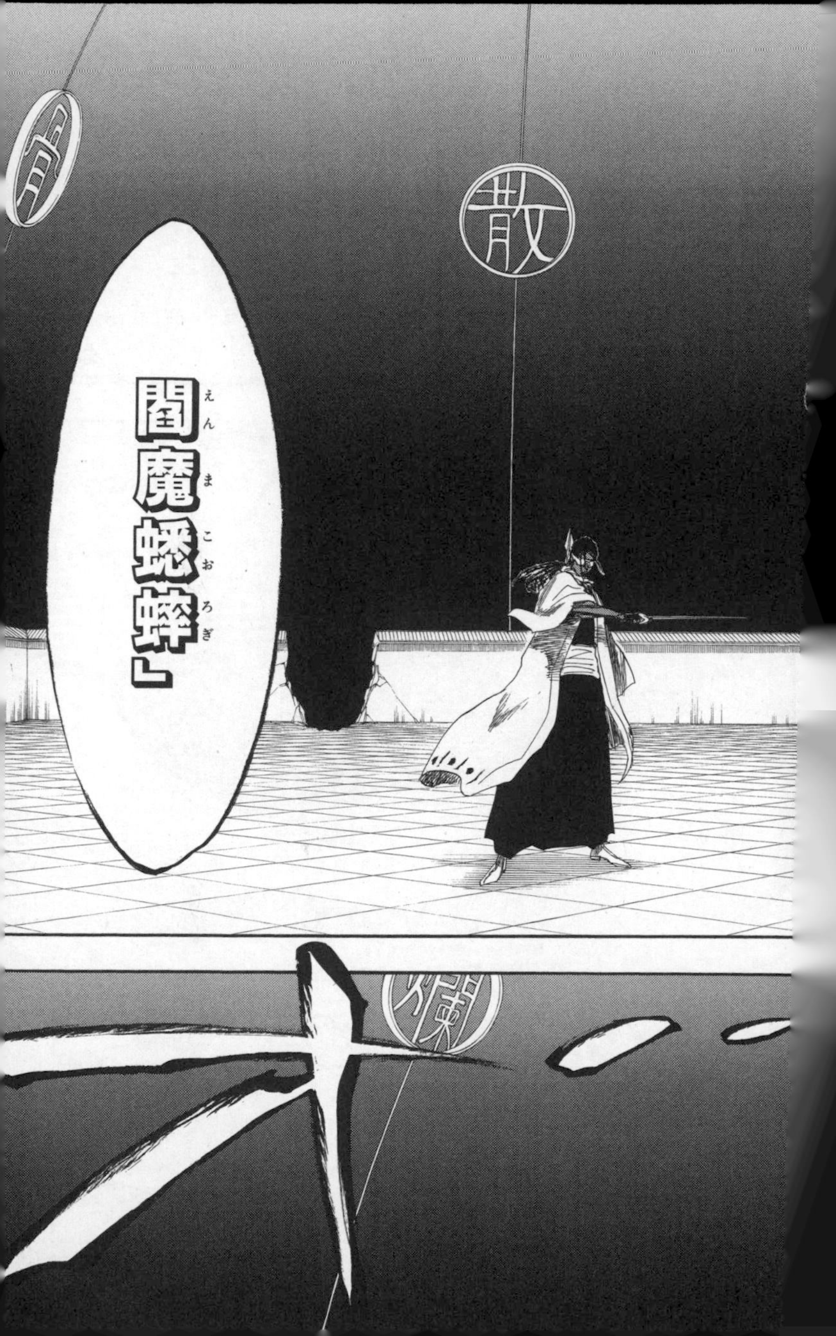
散
閻魔蟋蟀《えんまこおろぎ》」

——これが
私《わたし》の卍解《ばんかい》……
この空間《くうかん》
全《すべ》てが
私《わたし》の
卍解《ばんかい》だ
ザッ
…どうだ
更木《ざらき》
流石《さすが》のお前《まえ》も
想像《そうぞう》すら
していなかった
光景《こうけい》だろう？
ザッ
…とは
言《い》っても——

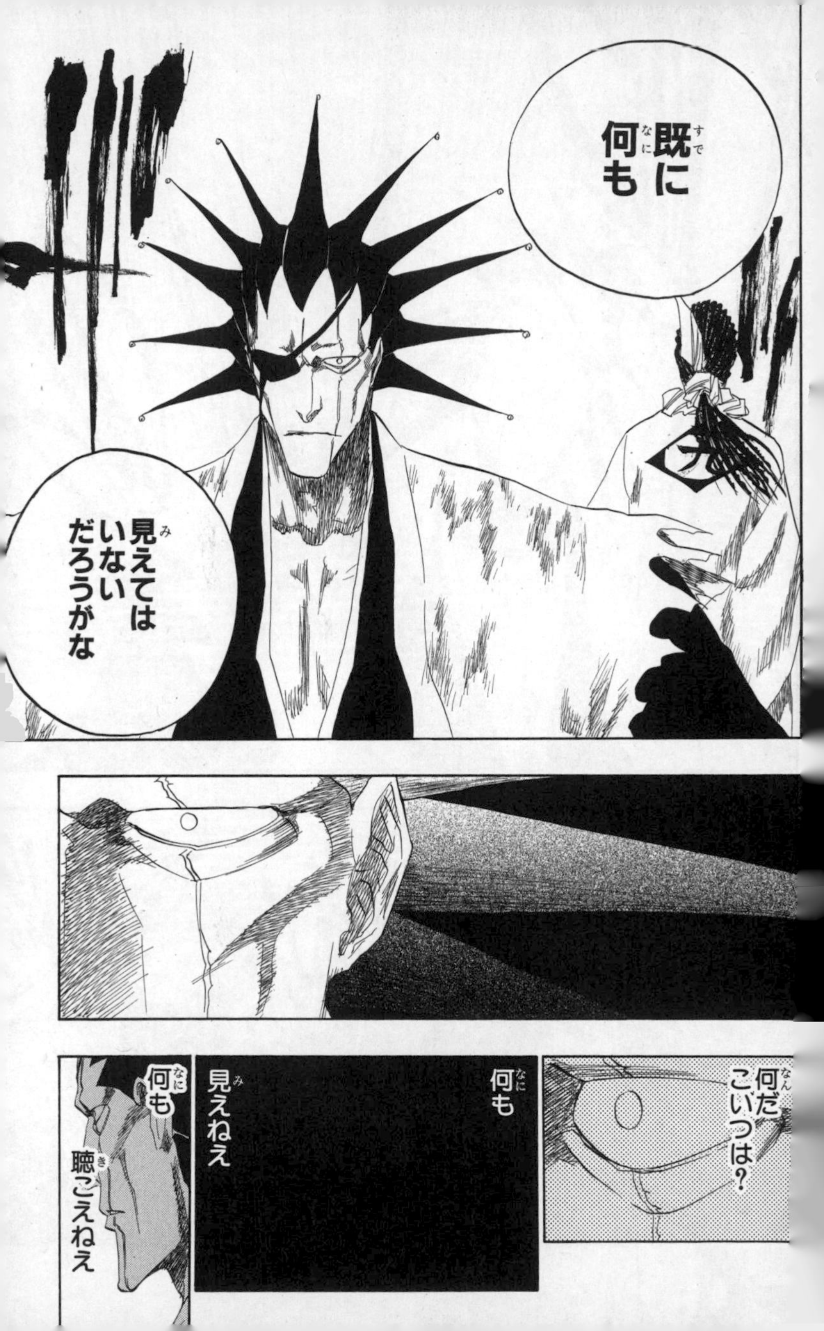
既《すで》に何《なに》も
見《み》えてはいないだろうがな
何《なん》だこいつは？
何《なに》も見《み》えねえ
何《なに》も聴《き》こえねえ

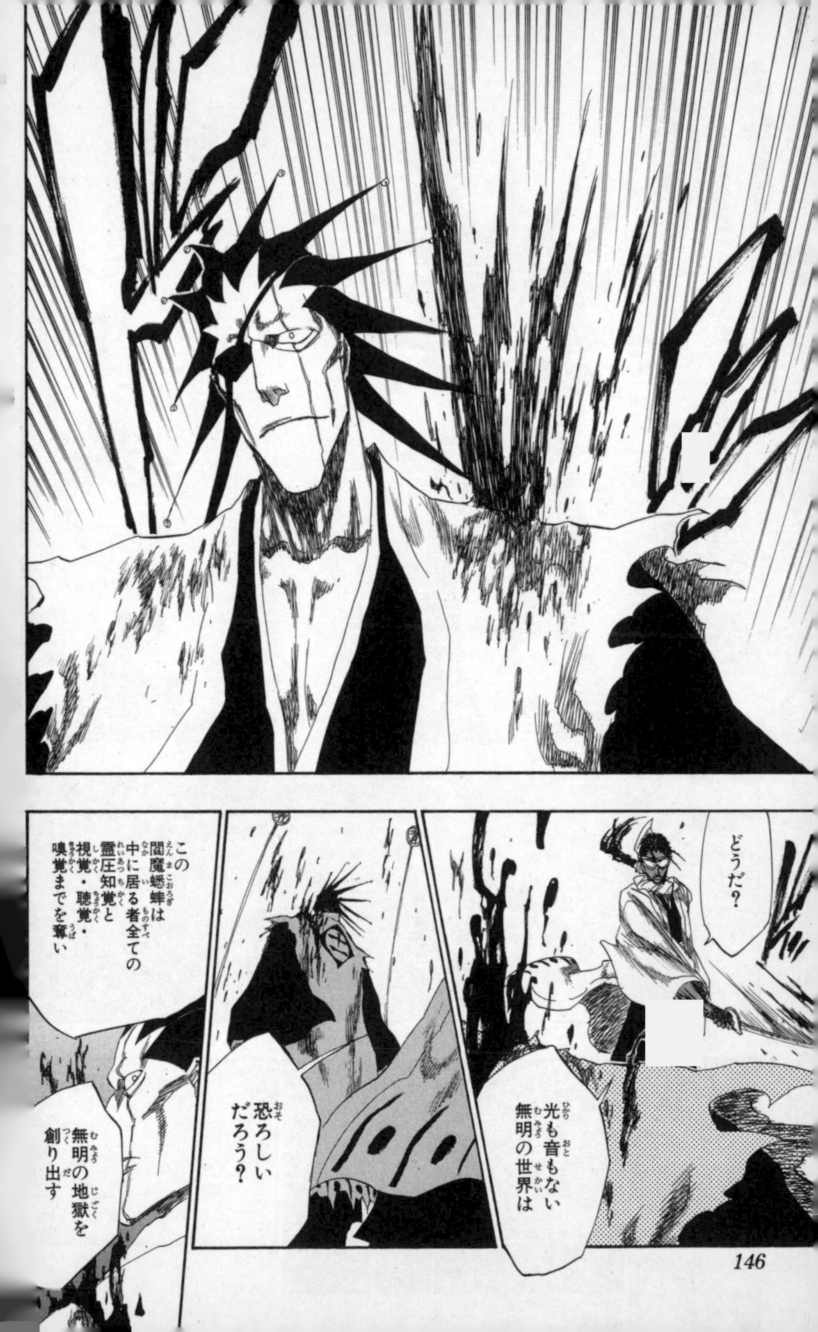
どうだ？
光《ひかり》も音《おと》もない
無明《むみょう》の世界《せかい》は
恐《おそ》ろしい
だろう？
この
閻魔《えんま》蟋蟀《こおろぎ》は
中《なか》に居《い》る者全《ものすべ》ての
霊圧《れいあつ》知覚《ちかく》と
視覚《しかく》・聴覚《ちょうかく》・
嗅覚《きゅうかく》までを奪《うば》い
無明《むみょう》の地獄《じごく》を
創《つく》り出《だ》す

地獄《じごく》から逃《のが》れられるのはただ一人《ひとり》
この『清虫《すずむし》』本体《ほんたい》を握《にぎ》る者《もの》だけだ
無駄《むだ》だ
斬《き》った方向《ほうこう》からの推測《すいそく》だけで動《うご》いても
私《わたし》を捕《とら》えることなどできない
なぜならどれほどの手練《てだ》れでも突然《とつぜん》光《ひかり》を奪《うば》われればそこに微《かす》かな恐怖《きょうふ》が生《う》まれるからだ
微《かす》かな恐怖《きょうふ》は動《うご》きを半歩《はんぽ》遅《おく》らせる
生《う》まれた時《とき》から光《ひかり》を持《も》たぬ私《わたし》の動《うご》きには——

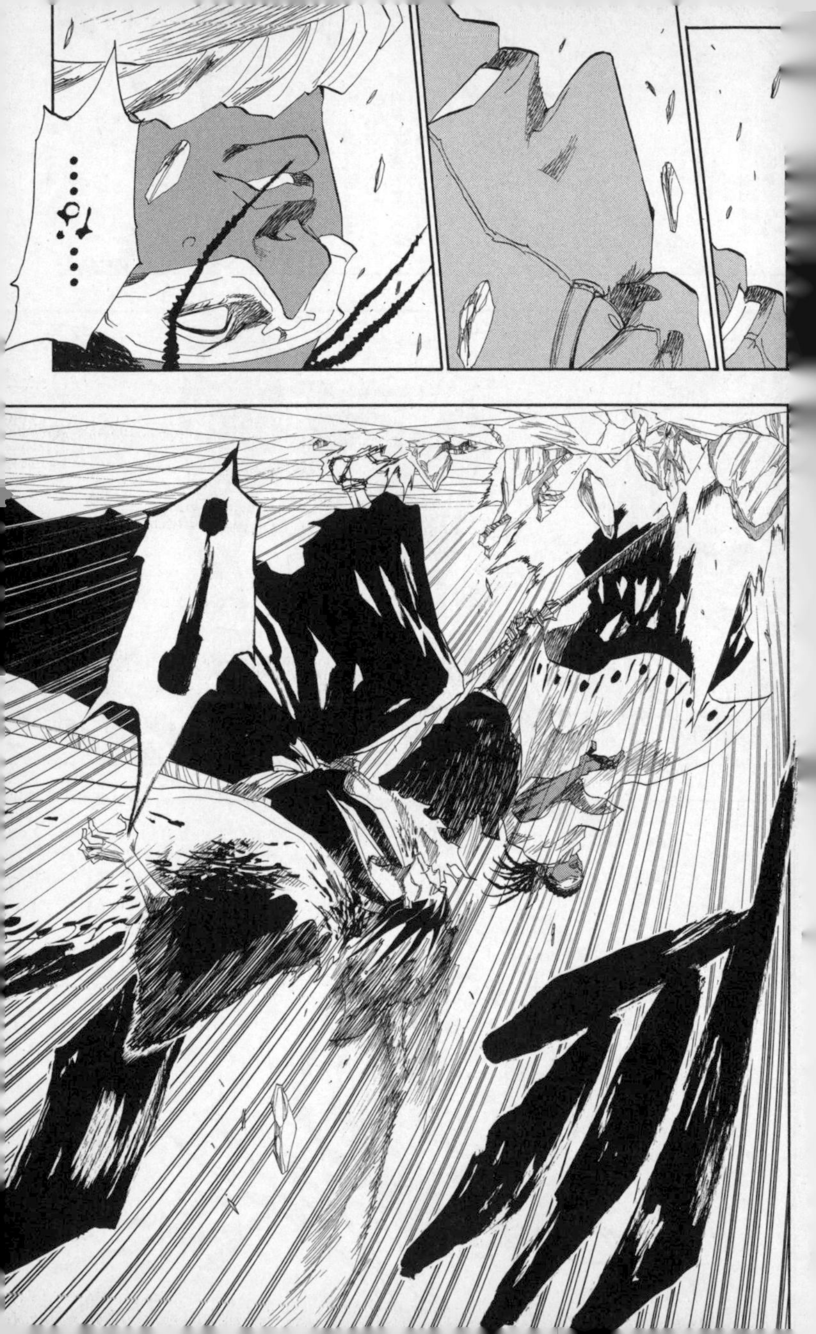

こいつ―――…！
成程《なるほど》…
そうか…
お前《まえ》は魔物《まもの》…
無明《むみょう》の地獄《じごく》はお前《まえ》の棲《す》み処《か》
恐怖《きょうふ》などもとより無《な》いというわけか…！

いいだろう！
ならばこちらも恐怖《きょうふ》など…
感《かん》じる暇《ひま》も与《あた》えまい!!

…それでは
これより——
術式《じゅつしき》を
開始《かいし》する

その頃シリーズ⑥
ゴージャス&セックス&ロックンロール&俺のボディ
Mr.KONのオレオレ日記2
8/13 はれ
今日はガキどもとの例の試合の当日。
だがいまだ俺のパーフェクトボディは行方知れず…
ああ…俺の愛するセクシーボディよ今いずこ…
なにブルーこいてんだよカリンの兄キ!!
ホレ!敵チームが来やがったぜ!!
シャキッとしてよ!!
うんせーよガキども…オメーらに俺の気持ちがわかってたまる…

147.Countdown to The End:3
[Blind Light, Deaf Beat]
…随分《ずいぶん》と集《あつ》まりが悪《わる》いな…
集《あつ》まっているのは二・四・八番隊《ばんたい》だけか…
五・十一・十二は仕方《しかた》ないとして他《ほか》の連中《れんちゅう》はどういうつもり…
ザッ
ザッ

――に…
兄《にい》…
ザッ
様《さま》…
朽木《くちき》ルキア

何《なに》か…
言《い》い遺《のこ》しておくことはあるかの？

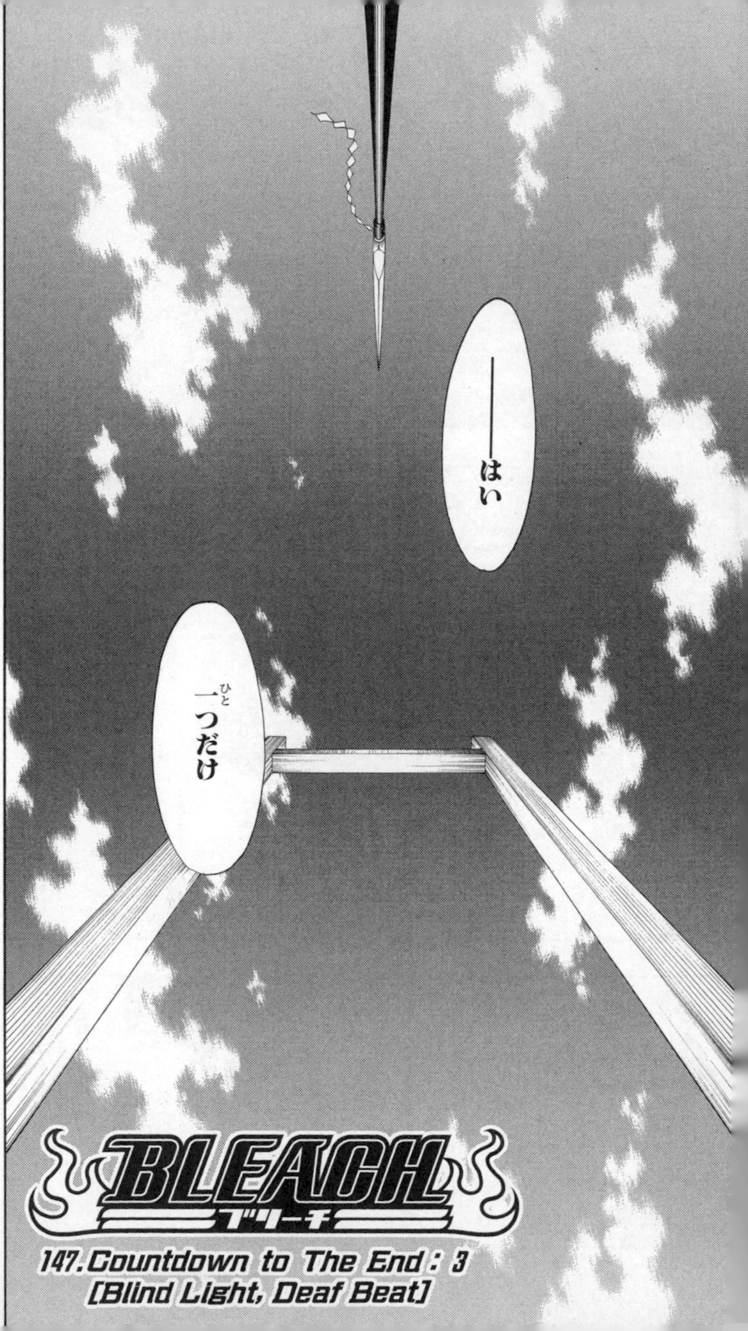

——はい
一《ひと》つだけ
BLEACH
ブリーチ
147.Countdown to The End : 3
[Blind Light, Deaf Beat]

ありゃあ…
東仙隊長《とうせんたいちょう》の『閻魔蟋蟀《えんまこおろぎ》』じゃねえか…！
卍解《ばんかい》を出《だ》さなきゃならねえほど苦戦《くせん》してんのか…
それとも ただ無益《むえき》な剣《けん》を振《ふ》るいたくねえだけか…
どっちにしろ俺《おれ》も向《む》かった方《ほう》が良《よ》さそうだな…
…待《ま》ちなよ…！

まだ僕《ぼく》は…
負《ま》けてないだろ…!
ふざけてんじゃねえ
てめえの負《ま》けだ
お生憎《あいにく》
十一番隊《ばんたい》では負《ま》けるってことは死《し》ぬことなのさ
九番隊《ばんたい》とは違《ちが》うな
天《てん》と地《ち》程《ほど》もね
だからこうして喧嘩《けんか》してる
…喧嘩《けんか》か…
ボリ
だったら尚更《なおさら》だ
剣《けん》を引《ひ》け
どう足掻《あが》いても五席《せき》は副隊長《ふくたいちょう》に勝《か》てねえし
それに

戦《たたか》い好《ず》きの十一番隊《ばんたい》なら
喧嘩《けんか》ごときで死《し》ぬのは本望《ほんもう》じゃねえだろ
…わかってないなあ…
僕《ぼく》ら十一番隊《ばんたい》はね…
どうせ死《し》ぬなら派手《はで》に喧嘩《けんか》で
そういう連中《れんちゅう》の集《あつ》まりなのさ
内緒《ないしょ》の話《はなし》を教《おし》えようか 僕《ぼく》が五席《せき》に居《い》るのはね
単《たん》に「四」の字《じ》を美《うつく》しく思《おも》わないからさ
…何《なん》だと？
本当《ほんとう》は「三」の字《じ》が一番美《いちばんうつく》しいと思《おも》うんだけど あれは一角《いっかく》のものだからね
だから「三」の字《じ》に一番《いちばん》似《に》ている
「五」の字《じ》を背負《せお》うことにしたのさ

それから もう一《ひと》つ
十一番隊《ばんたい》では 暗黙《あんもく》の了解《りょうかい》として 斬魄刀《ざんぱくとう》の能力《のうりょく》は 直接攻撃系《ちょくせつこうげきけい》だけと 決まってる
ガシャッ
どつき合《あ》いに 命《いのち》かけてる 連中《れんちゅう》ばかり だからね
鬼道系《きどうけい》の 斬魄刀《ざんぱくとう》は カッコ悪《わる》いって バカにされるのさ
ジャキ…
…さあ ここからが 内緒《ないしょ》の話《はなし》
僕《ぼく》の斬魄刀《ざんぱくとう》の 本当《ほんとう》の能力《のうりょく》は
何《なん》で しょうか？
一角《いっかく》や隊長《たいちょう》には 特《とく》に内緒《ないしょ》だよ
僕《ぼく》・嫌《きら》われるの イヤだからさ
…てめえ…！

はっ
はっ
はっ
はっ…
何故《なぜ》だ…
奴《やつ》は今《いま》
眼《め》も耳《みみ》も鼻《はな》も
使《つか》えない
霊圧《れいあつ》すらも
感《かん》じ取《と》れない…！
なのに
何故《なぜ》…

躱《かわ》される!?
まただ!
紙《かみ》一《ひと》重《え》で急所《きゅうしょ》を外《はず》す!!
くッ!!

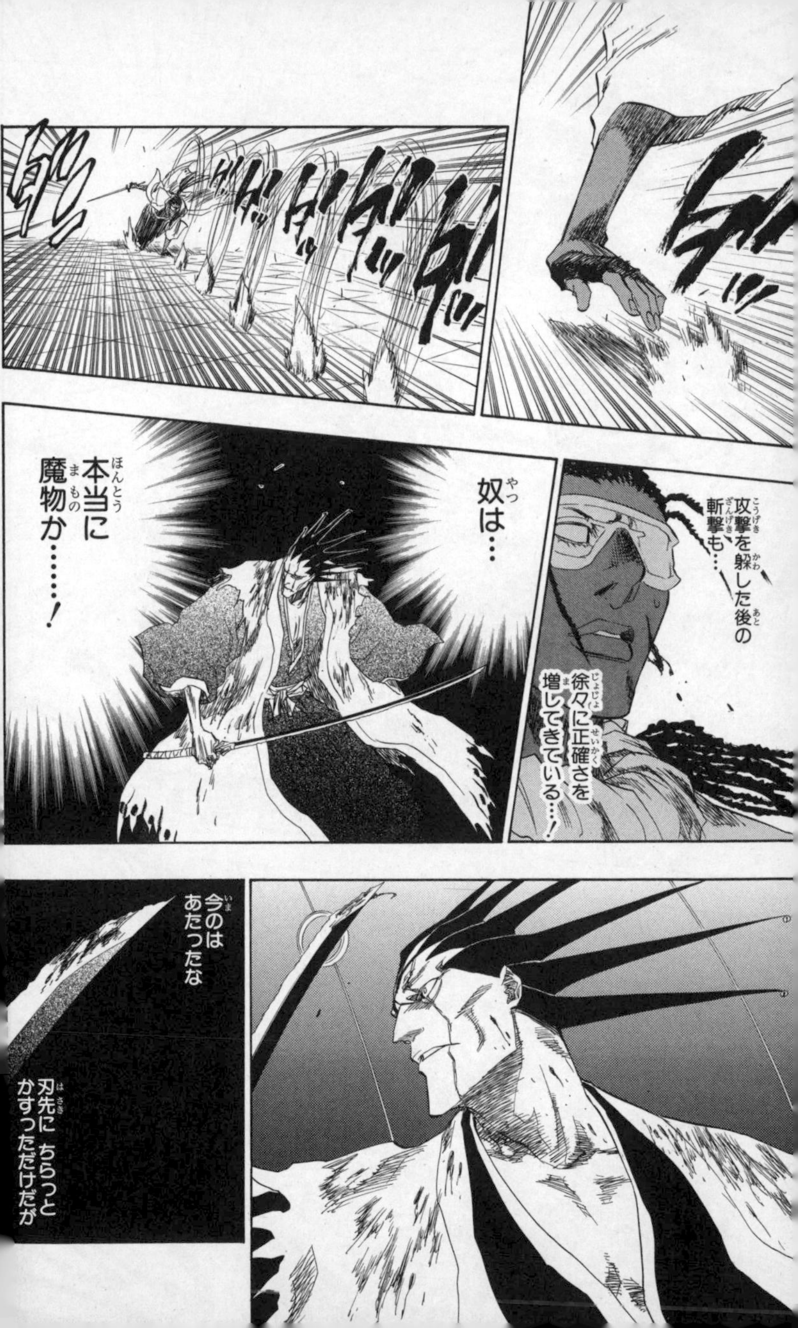
ダッ
攻撃《こうげき》を躱《かわ》した後《あと》の
斬撃《ざんげき》も…
徐々《じょじょ》に正確《せいかく》さを
増《ま》していている…！
奴《やつ》は…
本当《ほんとう》に
魔物《まもの》か……！
今《いま》のは
あたったな
刃先《はさき》に ちらっと
かすっただけだが

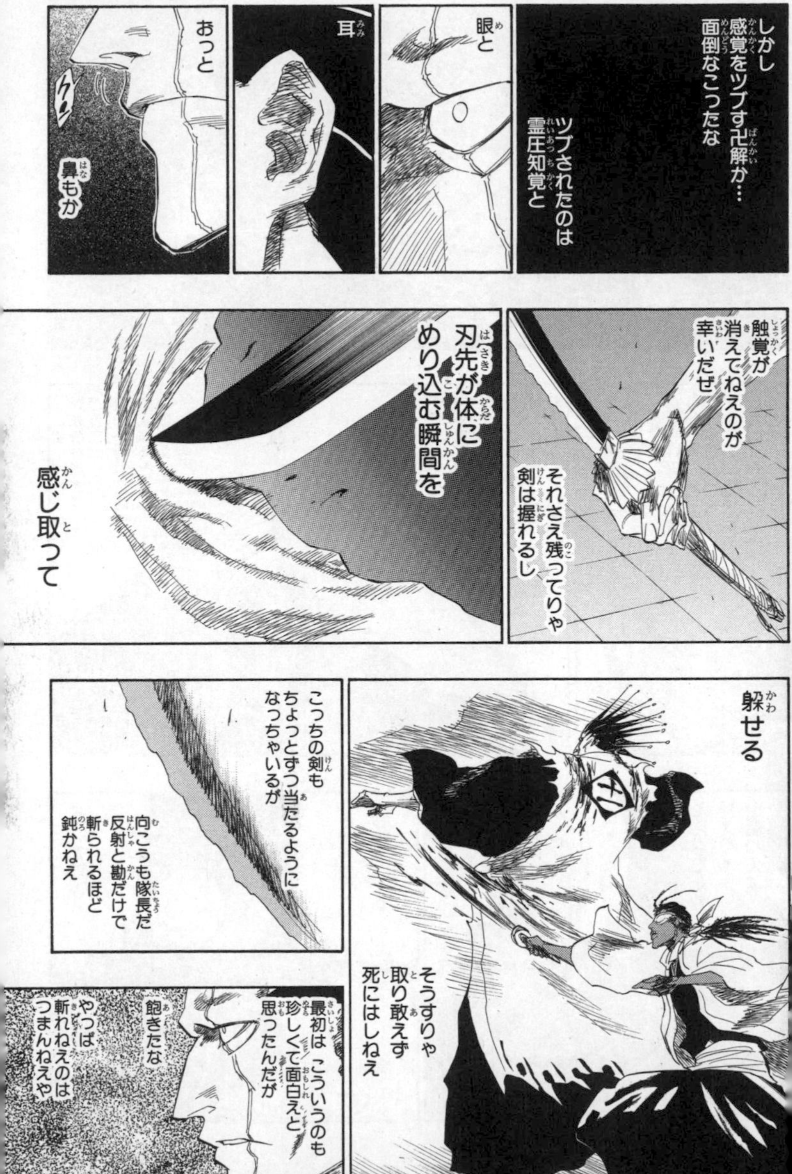
しかし
感覚《かんかく》をツブす卍解《ばんかい》か…
面倒《めんどう》なこったな
ツブされたのは
霊圧知覚《れいあつちかく》と
眼《め》と
耳《みみ》
おっと
鼻《はな》もか
触覚《しょっかく》が
消《き》えてねえのが
幸《さいわ》いだぜ
それさえ残《のこ》ってりゃ
剣《けん》は握《にぎ》れるし
刃先《はさき》が体《からだ》に
めり込《こ》む瞬間《しゅんかん》を
感《かん》じ取《と》って
躱《かわ》せる
そうすりゃ
取《と》り敢《あ》えず
死《し》にはしねえ
こっちの剣《けん》も
ちょっとずつ当《あ》たるように
なっちゃいるが
向《む》こうも隊長《たいちょう》だ
反射《はんしゃ》と勘《かん》だけで
斬《き》られるほど
鈍《のろ》かねえ
最初《さいしょ》は こういうのも
珍《めずら》しくて面白《おもしれ》えと
思《おも》ったんだが
飽《あ》きたな
やっぱ
斬《き》れねえのは
つまんねえや

さて
どうするか
奴《やつ》を斬《き》りたきゃ どうにかして 奴《やつ》の正確《せいかく》な位置《いち》を 掴《つか》まねえと いけねえ
だが 眼《め》も見《み》えねえ 耳《みみ》も聴《き》こえねえ 霊圧《れいあつ》は まあ 普段《ふだん》から大《だい》じて わかっちゃいねえが
くそっ
なんで戦《たたか》う時《とき》に こんなゴチャゴチャ 考《かんが》えねえと いけねえんだ かったりい
コソコソしやがって もっと気分良《きぶんよ》く 斬《き》り合《あ》いさせろってんだ
カンで斬《き》ると いいよ！
そいつは 今《いま》やってる
やっぱアレじゃ ないスか
ホラ
心《こころ》の眼《め》で見《み》る！ とかいうやつ
そんなもんで 見《み》えりゃ 世話《せわ》ねえよ

僕《ぼく》だったらそうだなあ…
諦《あきら》めますかね
美《うつく》しく
死《し》ね
待《ま》てよ
なんだよ
あるじゃアねえか
楽《らく》に奴《やつ》の位置《いち》を知《し》る方法《ほうほう》

…また笑《わら》っている…
ここまできても
まだ戦《たたか》いを愉《たの》しむか…！
危険《きけん》だ
更木剣八《ざらきけんぱち》!!!
やはりお前《まえ》は
生《い》かしておくには危険過《きけんす》ぎる!!

躱《かわ》さなかった…
…いや
躱《かわ》せなかったのか…
殺《ころ》し合《あ》いを愉《たの》しむなどという歪《ゆが》んだ心《こころ》が
一瞬《いっしゅん》の油断《ゆだん》を生《う》んだのだ――…

よお
久《ひさ》し振《ぶ》りだな

莫《ば》迦《か》な…!!

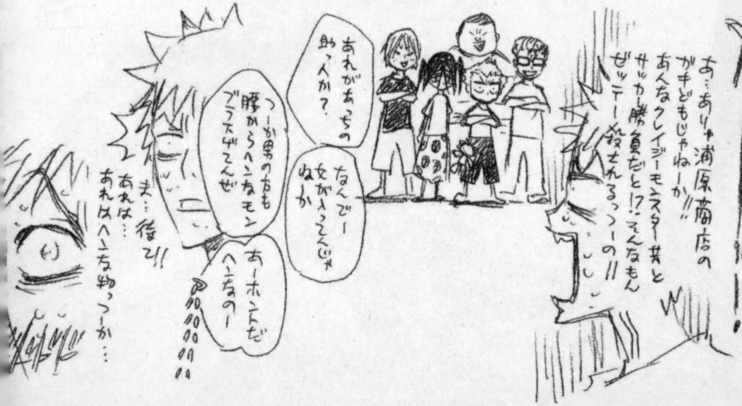

えーーー!!?
あ…ありゃ浦原商店のガキどもじゃねーか!!
あんなクレイジーモンスター共とサッカー勝負だと!?そんなもんゼッテー殺されるっつーの!!
あれがあっちの助っ人か?
なんでー女が入ってんじゃねーか
つーか男の方も腰からヘンなモンブラ下げてんぜ
あーホントだヘンなのー
ま…待て!!
あれは…あれはヘンな物っつーか…

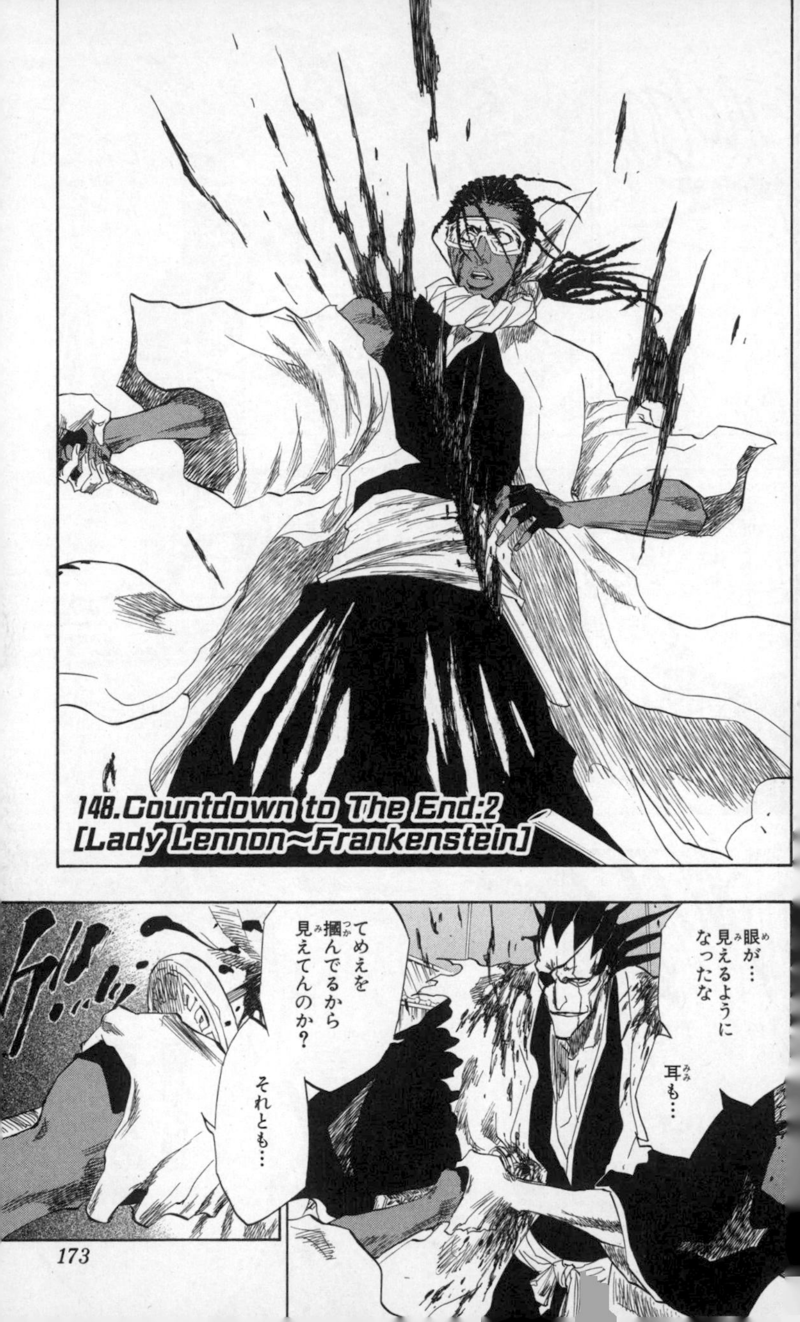
148.Countdown to The End:2
[Lady Lennon~Frankenstein]
眼《め》が…見《み》えるようになったな
耳《みみ》も…
てめえを掴《つか》んでるから見《み》えてんのか？
それとも…

てめえの剣《けん》に触《ふ》れてるから見《み》えてんのか…
…まあどっちでもいいがな
ホレ
次《つぎ》こいよ
コツは掴《つか》んだ
次《つぎ》は体《からだ》を貫通《かんつう》する前《まえ》に
てめえの腕《うで》を掴《つか》めるぜ

ザザザーアッ
くそ…ッ
はッ
はッ
負《ま》ける訳《わけ》にはいかないんだ…
私《わたし》は…
お前《まえ》などに…
負《ま》ける訳《わけ》には…ッ

BLEACH
—ブリーチ—

148. Countdown to The End : 2
〈Lady Lennon~Frankenstein〉

顔《かお》は知《し》らない
わたしは夜空《よぞら》が好《す》きよ 要《かなめ》
ああ
だって 夜空《よぞら》は世界《せかい》に似《に》ているもの
だが美《うつく》しい人《ひと》だった
全《すべ》てが闇《やみ》に包《つつ》まれていて 小《ちい》さな光《ひかり》がたくさんあって
でも それを覆《おお》い隠《かく》そうとする雲《くも》があるの
ねえ要《かなめ》
そうだね
わたしはね 要《かなめ》
その雲《くも》を取《と》り払《はら》う人《ひと》になりたいの
光《ひかり》が一《ひと》つだって消《き》えてしまわないように
わたしは雲《くも》を払《はら》うのよ 要《かなめ》
私《わたし》の名《な》を何度《なんど》も呼《よ》ぶ人《ひと》だった
私《わたし》は その声《こえ》が心地良《ここちよ》くて
本当《ほんとう》は 雲《くも》が好《す》きだというのをいつも言《い》い損《そこ》ねた
素敵《すてき》だね

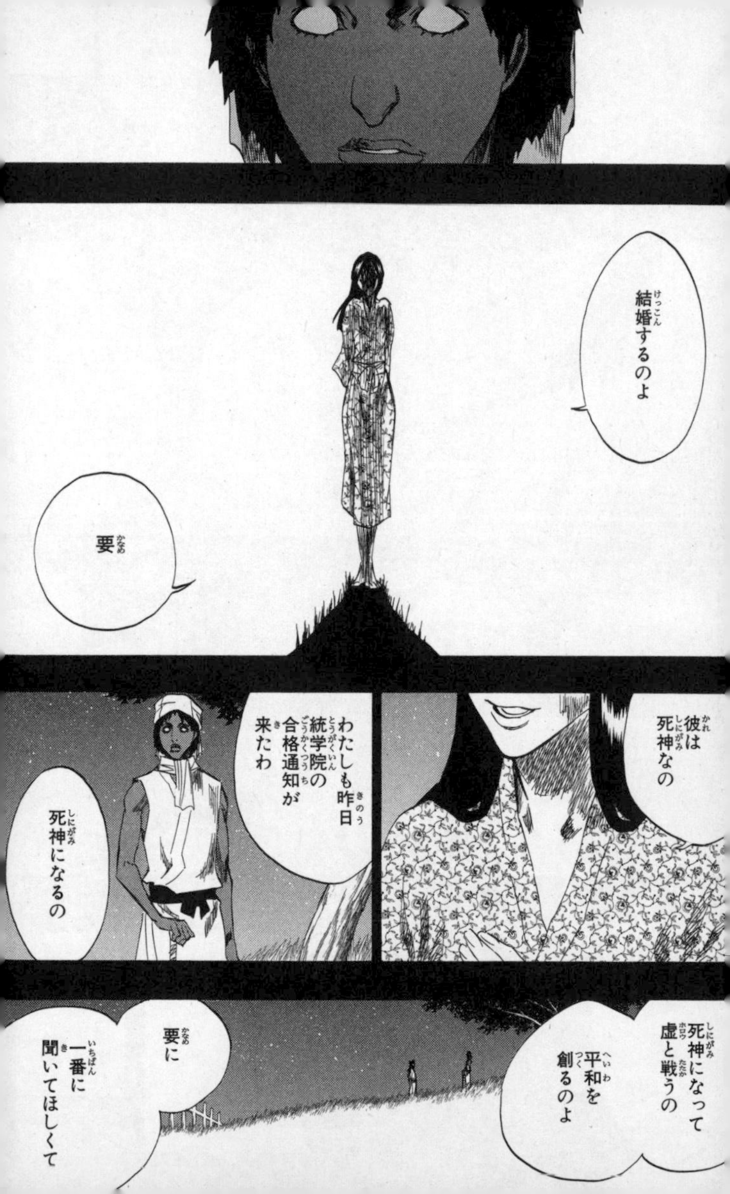
結婚《けっこん》するのよ
要《かなめ》
彼《かれ》は死神《しにがみ》なの
わたしも昨日《きのう》統学院《とうがくいん》の合格通知《ごうかくつうち》が来《き》たわ
死神《しにがみ》になるの
死神《しにがみ》になって虚《ホロウ》と戦《たたか》うの 平和《へいわ》を創《つく》るのよ
要《かなめ》に一番《いちばん》に聞《き》いてほしくて

おめでとう 何《なに》かぼくに
手伝《てつだ》えることがあればいいのだけど…
ありがとう でも 要《かなめ》は 要《かなめ》のままでいて
そして時々《ときどき》帰《かえ》ってくるわたしの話《はなし》を聞《き》いてほしいの
「約束《やくそく》よ」と言《い》って彼女《かのじょ》の声《こえ》は微笑《ほほえ》んだ
そしてそれきり
彼女《かのじょ》は戻《もど》ってはこなかった

彼女《かのじょ》を殺《ころ》したのは夫《おっと》だった
つまらぬ諍《いさか》いから
同僚《どうりょう》を殺《ころ》したその男《おとこ》は
それを咎《とが》めた彼女《かのじょ》も殺《ころ》した
誰《だれ》よりも世界《せかい》の平和《へいわ》を願《ねが》い
誰《だれ》よりも強《つよ》い正義《せいぎ》を持《も》ち
そのために戦《たたか》うことを選《えら》んだ彼女《かのじょ》は
戦《たたか》うことさえできなかった
何《なに》が足《た》りなかったのか
抱《かか》えられるだけの正義《せいぎ》では
平和《へいわ》を願《ねが》うには足《た》りないのか
ならば
私《わたし》は
力《ちから》が欲《ほ》しい
平和《へいわ》を
叶《かな》える
力《ちから》が欲《ほ》しい

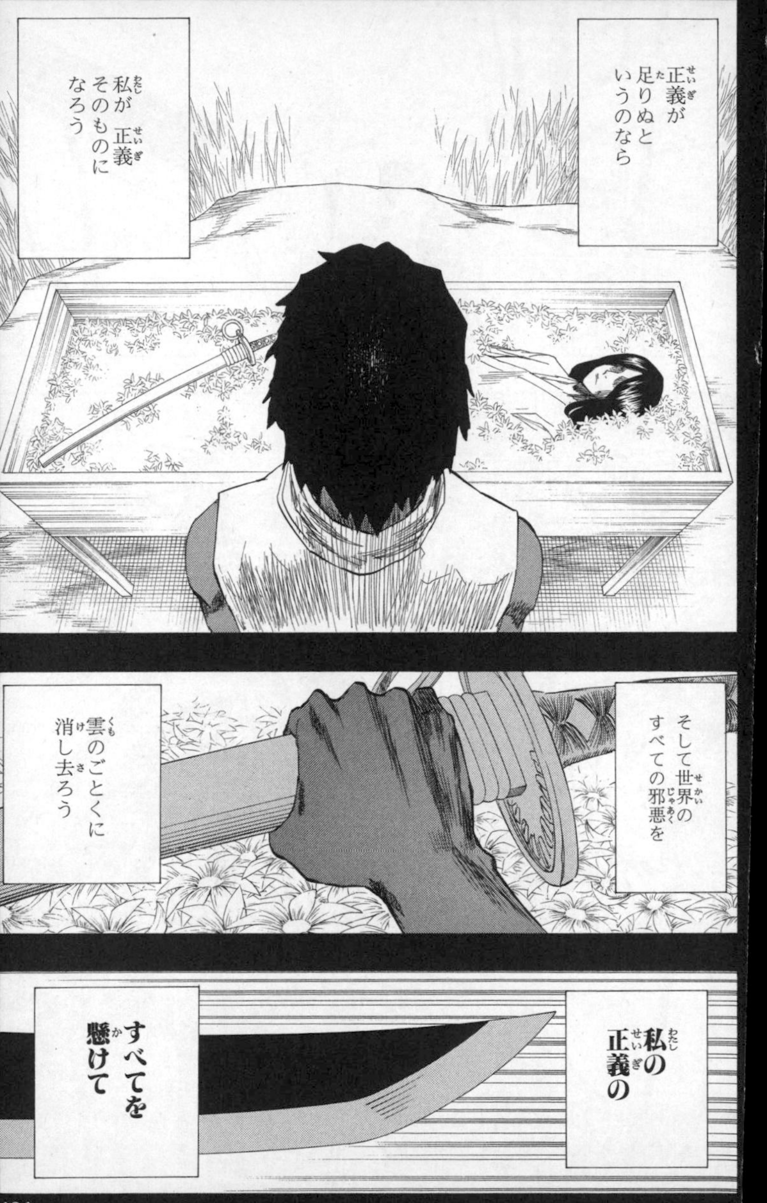
正義《せいぎ》が足《た》りぬというのなら
私《わたし》が正義《せいぎ》そのものになろう
そして世界《せかい》のすべての邪悪《じゃあく》を
雲《くも》のごとくに消《け》し去《さ》ろう
私《わたし》の正義《せいぎ》の
すべてを懸《か》けて

東仙《とうせん》…！

…まだだ…
まだ終《お》わらない…!
…やめだ
飽《あ》きた
半死人《はんしにん》の相手《あいて》なんかやってられるか
俺《おれ》ァ行《い》くぜ

死《し》んだら
つまんねえぞ
なにしろ
死《し》んだら もう
誰《だれ》も斬《き》れなく
なっちまうん
だからな
止《と》める…！
私《わたし》は…
私《わたし》の正義《せいぎ》の
すべてを懸《か》けて…
お前《まえ》を止《と》めなければ
ならないのだ…！
…くだらねえ…
そんなに
死《し》にたきゃ
そうしろ

ビキ
ビキ
狛村《こまむら》……!

…もういい
貴公《きこう》の想《おも》いは
この男《おとこ》には通《つう》じぬ
もうやめろ
…狛村《こまむら》…
…私《わたし》は…！
…こいつァ驚《おどろ》いたな
そういうツラだったのか
…解《わか》っておる
何《なに》も言《い》うな
その面《めん》の下《した》は

余《あま》り…
驚《おどろ》いておるようには見《み》えぬな
まァ
外見《がいけん》は戦《たたか》いに関係《かんけい》無《ね》えからなァ

問題《もんだい》は獣《けもの》の姿《すがた》をしたてめえが
ちゃんと獣《けもの》じみて強《つえ》ェかどうか
それだけだ
…表面的《ひょうめんてき》な強《つよ》さに捕《とら》われ敵《てき》の力《ちから》の深《ふか》きを見極《みきわ》められぬのが
ザ…
貴公《きこう》の欠点《けってん》だ更木《ざらき》
儂《わし》は東仙《とうせん》のように優《やさ》しくはないぞ
卍解《ばんかい》
ズ…
ほオ…！

『黒《こく》縄《じょう》天《てん》譴《げん》明《みょう》王《おう》』
さあ
始《はじ》めるぞ
更《ざら》木《き》剣《けん》八《ぱち》!

貴《き》公《こう》の好《す》きな殺《ころ》し合《あ》いだ!!!

俺《おれ》ー!!??
ボスタフ
続く

149.Countdown to The End:1 [Only Mercifully]

殺《ころ》し合《あ》いか!!!

いいじゃねえか!!
そういうことなら遠慮《えんりょ》無《な》くいくぜ!!
死《し》んだら化《ば》けて
もう一回《いっかい》殺《ころ》しに来《こ》い!!

これは…！
…あァ
どうやら…

BLEACH
ブリーチ
始《はじ》まったみてえだな
149. Countdown to The End : 1 (Only Mercifully)

始《はじ》まったか…!

急《いそ》ぐぞ松本《まつもと》！
はい！
ギ…ッ
イヤベエぞ清音《きよね》!!
処刑《しょけい》始《はじ》まったクセえ!!
隊長《たいちょう》まだかよ!?
うるっさい!!
聞《き》こえてるわよ!!
いちいち怒鳴《どな》んないでよ
ワキクサアゴヒゲ猿《ざる》!!!

隊長《たいちょう》!!!!
自分《じぶん》だって怒鳴《どな》ってんじゃねーか
隊長《たいちょう》！まだですか!?
朽木《くちき》さんの処刑《しょけい》が始《はじ》まりました!!
急《いそ》がないと…
隊《たい》…
…待《ま》たせて済《す》まない…
ちょっとばかり封印《ふういん》の解除《かいじょ》に手間《てま》取っちまってな…
だが…
これでいける…！
中央《ちゅうおう》四十六室《しつ》への進言《しんげん》も通《とお》らなかった今《いま》…
最早《もはや》 手段《しゅだん》はこれしか無《な》い…

行《い》くぞ
双殛《そうきょく》を
破壊《はかい》する
はいっ!!!

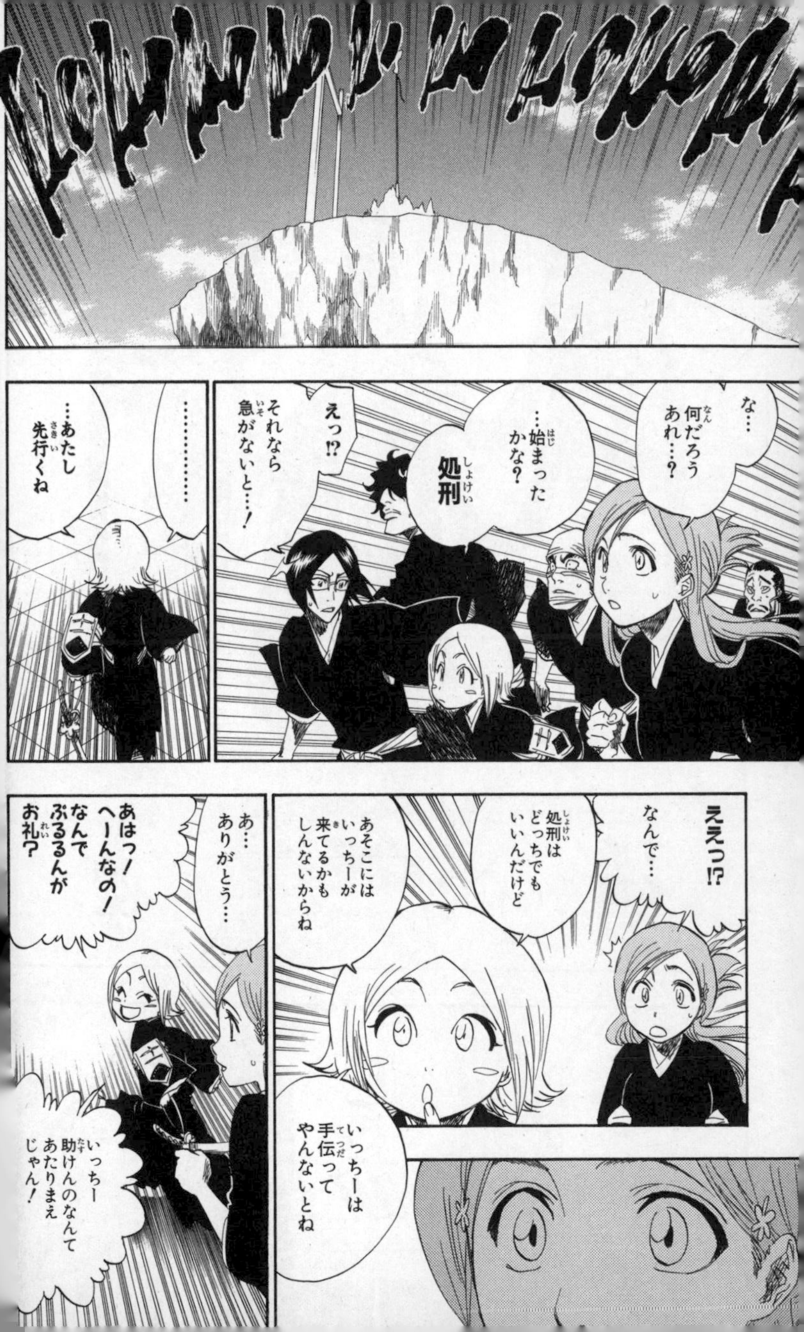

な…何《なん》だろうあれ…?
処刑《しょけい》…始《はじ》まったかな?
えっ!? それなら急《いそ》がないと…!
………
…あたし先行《さきい》くね
ええっ!? なんで…
処刑《しょけい》はどっちでもいいんだけど
あそこにはいっちーが来《き》てるかもしんないからね
いっちーは手伝《てつだ》ってやんないとね
あ…ありがとう…
あはっ! へーんなの! なんでぶるるんがお礼《れい》?
いっちー助《たす》けんのなんてあたりまえじゃん!

だって
いっちーは
剣《けん》ちゃんのともだちだもん
そんじゃ行《い》くね!
つよいやつはあたしが片《かた》しとくからねっ!
ザコはよろしく♪

…は…
迅《はや》い…!
ム…ムチャクチャだぜ…
…ありがと…
やちるちゃん…

……………
……俺《おれ》は……
……生《い》きてんのか？
ん…
!
…てめえは…!

…ど…
…どうも…
てめえは一護《いちご》と一緒《いっしょ》に居《い》た四番隊《ばんたい》の…
どうしててめえが俺《おれ》を…
…オレが…呼《よ》んだんです…
理吉《りきち》…!
お前《まえ》…
花太郎《はなたろう》さんが朽木《くちき》さんを助《たす》けようとして投獄《とうごく》されたのは聞《き》いてたんで…
花太郎《はなたろう》さんなら同《おな》じ目的《もくてき》で傷《きず》ついた恋次《れんじ》さんを助《たす》けてくれるかもと思《おも》って…

綜合救護詰所《そうごうきゅうごつめしょ》が
十一番隊《ばんたい》に壊《こわ》されたとかで
四番隊《うち》は人《ひと》が出払《ではら》ってて
その隙《すき》を見《み》て 彼《かれ》が
隊舎牢《たいしゃろう》に忍《しの》び込《こ》んで
鍵《かぎ》を開《あ》けてくれたんです…
オレ…
信《しん》じらんなかったんです…
恋次《れんじ》さんが
旅禍《りょか》に負《ま》けたってことも…
脱獄《だつごく》して
旅禍《りょか》の手助《てだす》けを
してるってことも…
そのために…
オレ達《たち》に剣《けん》を
向《む》けてるってことも…!
…でも…
思《おも》い出《だ》したんです…
オレが…
恋次《れんじ》さんに憧《あこが》れて
十三隊《たい》に入《はい》ったんだってこと…!
オレ…
そんで恋次《れんじ》さんの
思《おも》う通《とお》りに…
やっぱり
何《なに》があっても
恋次《れんじ》さんには
生《い》きてて欲《ほ》しいんです…!
ザッ
カッコ良《よ》く
戦《たたか》ってほしいん
です!
理吉《りきち》…

これ！
新《あたら》しい死覇装《しはくしょう》と手《て》ぬぐいと髪紐《かみひも》！
どんっ
これでビシッとキメてください！
本当《ほんとう》は…もう誰《だれ》にも迷惑《めいわく》かけたくなくて…
どうにかしてぼくだけの手《て》でルキアさんを助《たす》け出《だ》せたら…って思《おも》ってたんですけど…
ギッ
…もうぼくの力《ちから》じゃどうにもならないところまで…
きてしまったみたいですね…
ギュッ
ルキアさんを…
…助《たす》けてください…！

おう！
…良《よ》かろう

お主《ぬし》の願《ねが》い通《どお》り…
処刑《しょけい》の終《お》わったあかつきには…
旅禍《りょか》どもを無傷《むきず》で帰《かえ》らせてやろう
…あ…
…ありがとうございます…
…ひどい…
どうせ生《い》かして帰《かえ》す気《き》なんてないくせに…
ザッ
非道《ひど》くなどありませんよ
勇音《いさね》
ザッ
慈悲《じひ》です
何《いず》れ避《さ》らぬ終焉《しゅうえん》ならば
せめて僅《わず》かでも迷《まよ》い無《な》く
ザッ

せめて僅《わず》かでも
安《やす》らかに
双殛《そうきょく》を
解放《かいほう》せよ
17 ROSA RUBICUNDIOR, LILIO CANDIDIOR(完)

CONTI
NUED
ON
BLEACH
18

ラジコンベイビー

RADIO-KON★BABY!!

オープニングBGM《ビージーエム》「ラジコンベイビーのテーマ」
～ジングル～「ウィー・アー・ラジコンベイビーッ!!」★4★

よォ！ 元気《げんき》かテメーら！
つーか、長《なが》げェよ！インターバル長《な》げー!! 前回《ぜんかい》からどんだけ経《た》ってると思《おも》ってんだ!? 1年《ねん》3ヵ月《げつ》だぞ!? イ・チ・ネ・ン・サ・ン・カ・ゲ・ツ!!! 何《なん》だ1年《ねん》って!! 長《なが》すぎて前回《ぜんかい》の収録《しゅうろく》が思《おも》い出《で》に変《か》わるわ!! そんなワケで今回《こんかい》は1年間《ねんかん》溜《た》まりにタマったウップンを込《こ》めて、ゲストにロクに喋《しゃべ》らせもせずに間髪《かんぱつ》入《い》れずガンガンモリモリハガキ紹介《しょうかい》していくからそのつもりでついて来《こ》いよ!! そんじゃオヒサシブリのラジコン第《だい》４回《かい》!! ゲストは…あー俺《おれ》コイツ嫌《きら》いなんだよなー…浦原《うらはら》キスケだ!! ヨロシクドーゾー!!

どぉ――も――っ♡
みなさんお待《ま》たせしましたー♡ 浦原商店《うらはらしょうてん》のちょっと影《かげ》あるハンサムエロ店主《てんしゅ》、浦原《うらはら》キ…。

Q浦原《うらはら》さんはヅラですか？
山口県　山下貴司

わーお唐突《とうとつ》。ひどいなー。長《なが》いこと待《ま》ったんだから、もうちょっと喋《しゃべ》らせてくださいよー。…ていうか質問《しつもん》の内容《ないよう》も唐突《とうとつ》だなあ…コレ。

だから言《い》ってんだろ！ 今回《こんかい》は喋《しゃべ》る間《ま》もなくガンガンモリモリ紹介《しょうかい》してくって！ ホレ解答《かいとう》！

ヅラっス。

はいよ！ じゃあ次《つぎ》…って

ええッ!?

ウソっス。

……………。

Qこの前《まえ》、体育《たいいく》の時間《じかん》で50m走《メートルそう》をする時《とき》に「受《う》けてみよ正義《せいぎ》の力《ちから》！ 正義装《せいぎそう》

甲《こう》ジャスティスハチマキ‼」と言《い》ってハチマキをしめて走《はし》ったら、0.75秒速《びょうはや》くなっていたんですけど、これって何《なに》かのまほうですか、それともただぼくががんばっただけですか？

富山県　山本翼

完全《かんぜん》に魔法《まほう》っスね。

テメエ…もしかしてアレか？　マトモに質問答《しつもんこた》える気《き》ねえんじやねえ…

Q浦原《うらはら》さん！　好《す》きです‼　結婚《けっこん》してください‼

和歌山県　アヤカ

い〜っスよ♡

コラ！　テメー俺《おれ》が喋《しゃべ》ってる途《と》中《ちゅう》で勝手《かって》に質問入《しつもんい》れんなよ‼

だってホラ、コンちゃんが言《い》ったんじゃないスか「喋《しゃべ》る間《ま》もなく八ガキ紹介《しょうかい》してく」って。

ちゃん付《づ》けすんな気持《きも》ち悪《ワリ》ィ‼　つーか俺《おれ》が喋《しゃべ》んのはいいんだよ‼　この番組《ばんぐみ》は俺《おれ》がメイ…

Q2巻《かん》にキスケさんが雨《ウルル》を抱《だ》いたシーンがありました！　うらやましく思《おも》っているんですが、こんな私《わたし》でも抱《だ》いてくれますか？

北海道　中村真樹子

い〜っスよ♡

ウオラア‼　だから俺《おれ》の八ナシを質問《しつもん》で切《き》んなっての‼　ていうか切《き》るために使《つか》うハガキのチョイスもムカつくわ‼

Q一護《いちご》との修行《しゅぎょう》の最後《さいご》で、一護《いちご》に斬《き》られた帽子《ぼうし》が、その後《あと》すぐに直《なお》ってましたけど、誰《だれ》が直《なお》したんですか？　それとも石田君《いしだくん》みたいに替《か》えとかあるんですか？

長野県　田中

やっとコレにたどりついたか…今回一番多《こんかいいちばんおお》かった質問《しつもん》だな。コレが。で？　どーなのよ実際《じっさい》？

同《おな》じの何個《なんこ》も持《も》ってるんスよ。百個《ひゃっこ》ぐらい。ちなみに羽織《はおり》もゲタも甚平《じんべい》も同《おな》じの幾《いく》つも持《も》ってますよ♪

スゲーな…俺《おれ》がタンスならそんな同《おな》じモンばっか大量《たいりょう》にツメ込《こ》まれたら確実《かくじつ》にキレるな。

Q浦原商店《うらはらしょうてん》には、どんな人《ひと》がどのような商品《しょうひん》を買《か》いに来《く》るんですか？

福島県　鎌田淳

けがれを知《し》らない美少女《びしょうじょ》からヒマを持《も》て余《あま》した人妻《ひとづま》までが真《ま》っ昼間《ひるま》からとても口《くち》では言《い》えないようなモノを買《か》いに来《き》ます♡

マジで⁉　俺《おれ》も行《い》きて────‼

…じゃねえ‼　つーか何《なん》だコレ⁉　今回《こんかい》マトモに答《こた》えた質問《しつもん》1個《こ》だけじゃねぇ

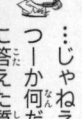

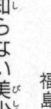

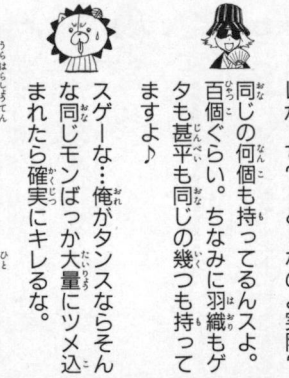

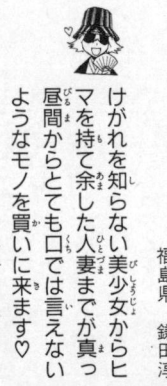

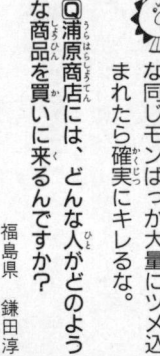

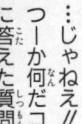

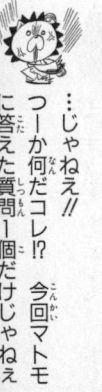

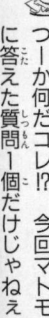

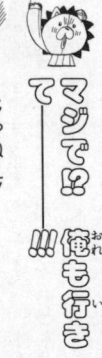

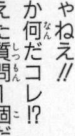

か!! どーゆーアレだコレは!?
このコーナーツブす気かテメー
は!?

アタシなりにマジメに答《こた》えてるつもりなんスけどねえ…。

Q喜助《きすけ》さんは、夜一《よるいち》さんの〝全裸《ぜんら》〟を見《み》たことがありますか?

岡山県　剣舞殺鬼

強《つよ》そうなラジオネームっスねえ…。

いーから質問《しつもん》答《こた》えろよ。

あ、全裸《ぜんら》っスか?　もちろんっス!

何《なに》ッ!?　けしからん!!

そりゃあもうアタシと夜一《よるいち》サンは他人《ヒト》には言《い》えない深《ふか》ぁい仲《なか》っスからねえ…。

ほうほう…で?

もう全裸《ぜんら》どころの騒《さわ》ぎじゃないトコまで丸見《まるみ》えっスよ!!

ほほゥ…。

!!

!!

成程《なるほど》…知《し》らんかったのう…儂《わし》がおぬしとそこまで深《ふか》い仲《なか》じゃったとは…。それじゃひとつ全裸《ぜんら》どころじゃないところまで丸見《まるみ》えになってもらうとするかの…?

イヤぁ…そんな夜一《よるいち》サン…悪《わる》いっスよぉ…。

まあそう遠慮《えんりょ》するな。…さて、全裸《ぜんら》どころじゃないということは…とりあえず骨《ほね》ぐらいまでいっとくかの?

イ…イ…イイイ
イ゛ヤ゛ァア゛ア゛ア゛
ア゛ア゛ア゛ア゛ァ…

～ジングル～
「グッナイ!ラジコンベイビーッ!」
エンディングBGM《ビージーエム》:
「Can You Feel The Love Tonight《キャンユーフィールザラブトゥナイト》」
映画《えいが》「ライオン・キング」テーマ曲《きょく》
リクエスト:神奈川県　藍染隊長好き

おたより募集中《ぼしゅうちゅう》!!
採用者《さいようしゃ》には、直筆《じきひつ》サイン入《い》り色紙《しきし》をプレゼント!

今回《こんかい》から5質問《しつもん》の他《ほか》にエンディングBGM《ビージーエム》のリクエストも受《う》け付《つ》けるぜ!! タイトルまたはアーティスト名《めい》に「ライオン」とか「Lion《ライオン》」のついた曲《きょく》をハガキに書《か》いて、お近《ちか》くのポストにブチ込《こ》んでプリーズ!! 次回《じかい》ゲストは山田花太郎《やまだはなたろう》(確定《かくてい》)!!

★質問《しつもん》、住所《じゅうしょ》・氏名《しめい》・年齢《ねんれい》・電話番号《でんわばんごう》を書《か》いて、下《した》のあて先《さき》へ!!
〒119-0163　東京都神田郵便局私書箱第66号
集英社JC「BLEACH」RADIO-KON★BABY!!係

■ジャンプ・コミックス

BLEACH -ブリーチ-

17 ROSA RUBICUNDIOR,LILIO CANDIDIOR

2005年6月8日　第1刷発行
2014年7月12日　第31刷発行

著者　久保帯人

編集　株式会社　ホーム社
東京都千代田区神田神保町3丁目29番　共同ビル
〒101-0051
電話　東京　03(5211)2651

発行人　鈴木晴彦

発行所　株式会社　集英社
東京都千代田区一ツ橋2丁目5番10号
〒101-8050
電話　東京　03(3230)6233(編集部)
03(3230)6191(販売部)
03(3230)6076(読者係)

Printed in Japan

印刷所　図書印刷株式会社

ISBN4-08-873817-9 C9979